中国文化经纬

易学今昔

余敦康 著

中国书籍出版社
China Book Press

图书在版编目(CIP)数据

易学今昔/余敦康著. —北京：中国书籍出版社，
2014.11
ISBN 978-7-5068-4543-4

Ⅰ.①易… Ⅱ.①余… Ⅲ.①《周易》—研究
Ⅳ.①B221.5

中国版本图书馆CIP数据核字(2014)第246886号

易学今昔

余敦康 著

责任编辑	李国永 于建平
责任印制	孙马飞 马 芝
封面设计	汉石美迪
出版发行	中国书籍出版社
地 址	北京市丰台区三路居路97号（邮编：100073）
电 话	（010）52257143（总编室） （010）52257140（发行部）
电子邮箱	chinabp@vip.sina.com
经 销	全国新华书店
印 刷	三河顺兴印务有限公司
开 本	635毫米×970毫米 1/16
字 数	120千字
印 张	14.5
版 次	2015年10月第1版 2015年10月第1次印刷
书 号	ISBN 978-7-5068-4543-4
定 价	36.00元

版权所有 翻印必究

《中国文化经纬》系列丛书
编委会

顾问 汤一介 杨 辛 李学勤 庞 朴
　　　王 尧 余敦康 孙长江 乐黛云
主编 王守常
编委（按姓氏笔画为序）
　　　王 平 王小甫 王守常 邓小楠
　　　乐黛云 江 力 刘 东 许抗生
　　　朱良志 孙尚扬 李中华 陈平原
　　　陈 来 林梅村 徐天进 魏常海

总　序

二十世纪三十年代，陈寅恪先生在冯友兰《中国哲学史》下册的《审查报告》中说："窃疑中国自今日以后，即使能忠实输入北美或东欧之思想，其结局当亦等于玄奘唯识之学，在吾国思想史上既不能居最高之地位，且亦终归于歇绝者。其真能于思想上自成系统，有所创获者，必须一方面吸收输入外来之学说，一方面不忘本来民族之地位。此二种相反而适相成之态度，乃道教之真精神，新儒家之旧途径，而二千年吾民族与他民族思想接触史之所昭示者也。"今天读陈先生的话，感慨良多。先生所言之义：佛教传入中国，其教义与中国思想观念制度无一不相冲突。然印度佛教在近千年的传播过程中不断调适，亦经国人改造接受，终成中国之佛教。这足以告知我们外来思想与中国本土思想能够融合、始相反终相成之原因，在于"必须一方面吸收输入外来之学说，一方面不忘本来民族之地位"。这就是我们经常讲的,当下中国文化必须"返本开新"。如有其例外者,则是"忠实输入不改本来面目者,若玄奘唯识之学,虽震荡一时之人心,而卒归于消沉歇绝"。

我以为近代中国落后于西方,不应简单视为文化落后,而是二千多年的农业文明在十八世纪已经无法比肩欧洲工业文明之生产效率与市场资源的合理配置,由此社会政治、国家管理制度也纰漏丛生。由是而观当下之中国,体制改革刻不容缓,而从五四时代以来的文化批判也需深刻反思。启蒙运动对传统文化的批评固然有时代需求,未经理性拷问的传统文化无法随时代而重生。但"五四运动"的先贤们也犯了"理性科学的傲慢",他们认为旧的都是糟粕,新的都是精华,以二元对立的思考将传统与现代对峙而观,无视传统文化在代际之间促成了代与代的连续性与同一性,从而形成了一个社会再创造自己的文化基因。美国学者席尔思写了一部书《论传统》,他说:传统是围绕人类的不同活动领域而形成的代代相传的行为方式,是一种对社会行为具有规范作用和道德感召力的文化力量,同时也是人类在历史长河中的创造性想象的沉淀。因而一个社会不可能完全排除其传统，不可能一切从头开始或完全取而代之以新的传统，而只能在旧传统的基础上对其进行创造性的改造。此言至矣！传统与现代不应仅在时间序列上划分，在文化传承上可理解为"传统"是江河之源，而"现代"则是江河之流。"现代"对"传统"的理性诠释，使"传统"在"现代"得以重生。由此，以"同情的敬意"理解自己民族的文化传统是当下中国的应有之义，任何历史文化的虚无主义都要彻底摒弃。从"五四"先行者到今天的一些名士，他们对传统文化进行激烈批判，却也无法摆脱传统文化对自己的思维方式和价值观念的影响。这样的事实岂可漠视。

这套《中国文化经纬》丛书是在1993年刊行的《神州文化集成》丛书的基础上重新选目、修订而成。自那时到今天，持续多年的"文化热"、"国学热"，昭示着国人对自己民族文化的认同还处在进行时。文化决定了一个民族的性格，民族性格决定了一个民族的命运。中国文化书院成立至今已有30年了，书院同仁矢志不移地秉承着"让世界文化走进中国，让中国文化走向世界"之宗旨，不负时代的责任与担当。此次与中国书籍出版社合作出版这套丛书，期盼能在民族文化的自觉、自信、自强上有新的贡献。

王守常

2014 年 12 月 8 日

于北京大学治贝子园

目 录

总序 …………………………………………………… 1

一、易学与中国传统文化的关系 …………………… 1
二、先秦文化的发展与《周易》的形成 …………… 20
三、《周易》的思想精髓与价值理想 ……………… 45
　　——一个儒道互补的新型的世界观 …………… 45
四、《周易》在中国文化中的特殊功能 …………… 79
　　——一个立足于和谐的操作系统 ……………… 79
五、易学与中国政治文化 …………………………… 98
　　（一）《易》为拨乱反正之书 ………………… 98
　　（二）论政治得失和治民之道 ………………… 112
　　（三）论治乱兴衰的规律 ……………………… 127

六、易学与中国伦理思想 ··· 141

  （一）《易》为性命之书 ····································· 141

  （二）易学与社会伦理规范 ································· 151

  （三）易学与道德基本原则 ································· 163

  （四）易学中的人性论 ····································· 171

  （五）易学中的义利、理欲之辨 ························· 177

  （六）易学与道德修养 ····································· 185

七、漫谈《周易》的智慧 ··· 192

八、《周易》的太和思想 ··· 203

出版后记 ··· 218

一、易学与中国传统文化的关系

　　《周易》这部书对传统文化的影响至深且巨，在中国文化史上占有极为重要的地位，人们普遍承认这是一个无可置疑的历史事实。但是，怎样来解释这个事实，如何估价它在文化史上的地位和作用，却是见仁见智，众说纷纭，存在着许多不同的看法。就主要倾向而言，有四种看法是具有代表性的。一种看法认为，《周易》本是卜筮之书，其中所蕴含的巫术文化的智慧就是中国文化的基因，因而应从卜筮的角度来解释。另一种看法认为，虽然《周易》由卜筮演变而来，但它的宝贵之处不在卜筮，而在于卜筮里边蕴含着的哲学内容，卜筮不过是它的死的躯壳，哲学才是它的本质，因而应从哲学的角度来解释。第三种看法认为，《周易》是一部讲天文历法的书，也就是一部科学著作，其中所蕴含的科学思维不仅对古代的科技产生了深刻的影响，而且与现代自然科学的基本思想相吻合，因而应从自然科学的角度来解释。第四种看法认为，《周易》是一部史学著作，其中保存了多方面的古代珍贵史料，特别是反映了殷周之际的历史变革，因而应从史学的角度来解释。

可以看出，研究者对《周易》的性质问题有什么样的看法，便会选择什么样的解释角度。为了对《周易》与传统文化的关系作出合理的说明，首先必须讨论一下这部书的性质问题。

应该承认，以上四种看法都能在《周易》的本文以及后人的论述中找到自己的根据，持之有故，言之成理，可以立一家之言。实际上，《周易》作为中外历史上的一种奇特的文化现象，性质十分复杂，巫术、哲学、科学、史学这几个层面的性质全都具有，也全都对中国文化产生过影响。如果我们尊重历史事实，按照历史演变的顺序把这些复杂的性质整合在一起，分清它们的主次本末，区别它们的正传与别传，从文化精神的生成角度来解释，而不是各执一端，以偏概全，那么我们就可以使以上四种彼此分歧的看法达成某种共识，从而较为全面地把握《周易》的性质，更好地来探索它与传统文化的关系了。

《周易》的复杂性质归根到底是由它的复杂的历史所造成的。按照传统的说法，《周易》成书的过程是"人更三圣

(或四圣），世历三古"，即上古伏羲氏画八卦，中古周文王重为六十四卦，作卦辞，周公作爻辞，下古孔子作十翼以解经。现代多数学者认为，尽管"人更四圣"未必实有其人，"世历三古"却是大体上符合实际的。这就是承认，《周易》的成书是一个历时数千年的漫长的历史演变的过程，并非一蹴而就。既然如此，它就会在这个过程中分别受到上古、中古和下古几个不同时期的文化的影响，反映不同文化的特色，而它的性质也就会变得十分复杂，不可能那么纯粹单一。

据考古发掘，人类早在新石器时期晚期就利用占卜来预测吉凶了。《周易》的发生史可以追溯到这个时期，相当于传说中的伏羲时期。当时尚未发明文字，人们的思维水平极为低下，所掌握的知识也很贫乏，不仅不可能从哲学的高度去理解世界，连至上神的观念也没有产生，而普遍奉行着一种原始的巫教。龟卜、筮占以及其他一些古老的占卜形式，都是这个时期的产物。由于筮占的特点是根据蓍草排列所显示的数与形的变化来预测吉凶，所以与其他的占卜形式相比，具有一种潜在的优越性，可以通过无数次的排列，逐渐把数与形的变化推演成一个整齐有序而又稳定规范的符号体系。《周易》的那一套由六十四卦、三百八十四爻所组成的符号体系，反映了这个时期受原始思维支配的巫术文化的特色。

如果说这套符号体系蕴含着某种智慧,至多也只能肯定其中蕴含着一种神人交感的观念,表现了人类试图掌握客观事物因果联系的努力,除此以外,不会再有什么更高深的意义,因为处于蒙昧状态的原始人是不可能产生高深的哲学思想和科学思想的。

大约于殷周之际编纂成书的《易经》,则是反映了这个时期的文化背景与思维水平,实际上是继承了原始的巫术文化传统,把它推进到一个新的发展阶段。拿《易经》来与原始的筮占相比,最显著的差别就是《易经》除了那套并无高深意义的抽象的卦爻符号以外,又增加了一套由卦辞和爻辞所组成的文字表意系统,其卦爻符号是继承了原始的筮占而来的,其文字表意系统则是一个创造性的发展。虽然这套文字表意系统的素材不过是一些筮占的记录,但是经过一番整理分类、加工改造的工作,提炼成为卦辞和爻辞而系于卦爻符号之下,就具备了多方面的功能,容纳了更大量的信息,启迪了更丰富的思路,而原始筮占的意义和性质也就从此开始逐渐变得复杂起来。

首先,《易经》用确定的文字对六十四卦题了卦名,用九六奇偶之数对三百八十四爻题了爻名,这就在巫术文化的发展上起到了影响极为深远的承先启后作用。当时的占卜巫

一、易学与中国传统文化的关系

术，形式多种多样，所谓"筮短龟长"，龟卜受人尊重的程度又远远超过了筮占。由于《易经》给卦爻符号题了确定的卦名与爻名，不仅充分发挥了筮占的潜在的优越性，使得它的那套符号体系变得更加规范，更加稳定，在与其他占卜形式的竞争中后来居上，而且可以借助文字的提示作用，给那套符号体系赋予某种意义，引发出一种象数的思维模式。就《易经》本文而论，六十四卦的卦名尚未出现天、地、雷、风、水、火、山、泽之类的象征意义，其爻名也没有提炼出阴阳刚柔的概念。但是，由于中国象形文字的特点，其造字条例如象形、象事、象意、象声、转注、假借，本身就是以联想律与类比律的思维为基础的，人们受象形文字的启发，从八卦的卦形推演出一套卦象，如乾☰为天，坤☷为地，坎☵为水，离☲为火等等，是十分容易的，这就为尔后发展起来的象数思维模式提供了前提，而扬弃了原始筮占的那种单纯根据蓍草的排列去窥探神的意旨的幼稚低级的思维模式。

其次，《易经》凭借它的一套文字表意系统，充分反映了殷周之际人们的精神风貌，记录了当时人们所掌握的历史知识、科学知识、政治伦理知识以及哲理性的生活知识，从而扩大了《易经》内容，具有多方面的性质，这是原始筮占的那种抽象的卦爻符号所不具有的。关于殷周之际的史实，顾颉刚先生在《周易卦爻辞中的故事》一文中已作了很好的考证，指出有王亥丧牛羊于有易的故事，高宗伐鬼方的故事，帝乙归妹的故事，箕子明夷的故事，康侯用锡马蕃庶的故事等等。关于天文历法的知识，《丰卦》的"日中见斗"、"日中见沫"；《明夷卦》的"不明晦，初登于天，后入于地"；《复卦》的"七日来复"等等，都是明显的例证。关于政治伦理知识，如《临卦》的"知临，大君之宜，吉"；《益卦》的"有孚惠心，勿问元吉"；《谦卦》的"谦谦君子"；《恒卦》的"不恒其德，或承之羞"等等。关于哲理性的生活知识，如《泰卦》的"无平不陂，无往不复"。但是，从总体来看，《易经》所记录的这些知识，其意义不在于这些知识的本身，而是为了卜筮的参考，因而我们不能把它归结为一部科学著作或史学著作，而只能看作是一部卜筮之书。

第三，从《易经》的文字表意系统还可以看出，它反映了殷周之际宗教思想的变革，接受了当时发展起来的以德配天的天命神学观念，并且把这个观念与卜筮相结合，构成一个以天人之学为理论基础的巫术操作体系。在卦爻辞中，天是一个最高的概念，如《乾卦》的"飞龙在天，利见大人"；《大有卦》的"自天祐之，吉，无不利"；《大畜卦》的"何天之衢，亨"；《姤卦》的"含章，有陨自天"。这个天既有自然之天的含义，

一、易学与中国传统文化的关系

也是一个主宰人事的至上神，人们可以通过合乎道德的行为获得天的福祐，天与人相互感应。很显然，这是由原始巫术的神人交感的观念发展而来，但是，理性的成分是大大提高了，系统性的程度也更为增强了。原始巫术的神人交感的观念，其世界图式是混乱无序的万物有灵论，而以德配天的天命神学则把世界看作是一个井然有序的统一整体。因此，在这两种观念支配下的卜筮巫术，无论是就思维水平还是就文化意义而言，都是大不相同的。从原始的卜筮到《易经》的卜筮，经历了长时期的演变，中国的文化也由此而从蒙昧状态进入了文明状态，如果我们对这种文化发展阶段的性质差异视而不见，把《易经》的卜筮简单地等同于原始的卜筮，不严格区分蒙昧状态与文明状态所产生的两种不同类型的巫术文化，那是很难得出符合实际的结论的。

殷周之际宗教思想的变革使中国文化的发展产生了一次重大的转折。这种转折一方面表现在它对以往的巫术文化作了一次系统的总结，并且熔炼成为一种以天人关系为核心的整体之学，另一方面表现在它以曲折的形式反映了许多前所未有的理性内容，为后来的人文文化的发展开辟了一条通路，提供了必要的前提。我们应该把《易经》的性质问题放在这个总的文化背景中作全面的考察。

《易传》包括十翼,是对《易经》的一部解释性的著作,大约于战国末年经多人之手陆续写成。就其思想内容的基本性质而言,诚然是一种博大精深的哲学,与《易经》本文的那种卜筮巫术大异其趣,但是,作为一部解经之作,它又不能不把用于卜筮的卦爻符号与卦爻辞奉为神圣,力图从象数与义理方面来阐发其中的意蕴,这就使得它的哲学思想具有一种特殊的性质,形成了一种哲学思想与卜筮巫术的奇妙的结合。有人强调它的卜筮的一面,其实它的卜筮经过哲学的改造,是一种哲学化了的卜筮,与《易经》本文中的那种卜筮有很大的不同。有人强调它的哲学的一面,其实它的哲学是在卜筮的基础上建立起来的,带有相当浓厚的巫术文化的色彩,而不同于其他的那些较为纯粹的哲学。因此,如果我们把《易传》的性质简单地归结为卜筮,或者简单地归结为哲学,都失之于偏颇,不能确切地把握它的特殊性质。

《周易》是由《易经》和《易传》两部分组成的。在经学传统中,向来是经传不分,把《周易》看作是一部完整的著作,并且追溯到上古时期的伏羲,提出了"四圣一揆"的说法,这就把《周易》的性质问题弄得更加混乱不堪。由于它具有多重结构,既包括《易经》的卦爻符号与卦爻辞,又包括《易传》的十翼,在内容上反映了上古、中古与下古三个不同时期的文化，容纳了卜筮、哲学、科学、史学各种复杂的成分，所以人们可以各执一端，根据自己的所见把它的复杂性质归结为某种单一的性质。后来易学研究中派别的分歧都是由此而来的。《四库全书总目》描述这种情况，归纳为两派六宗。所谓两派是指象数派与义理派。象数派分化为三宗，即汉儒的卜筮，京房、焦延寿的禨祥，陈抟、邵雍的图书。义理派也分化为三宗，即王弼的"说以老庄"，胡瑗、程颐的"阐明儒理"，李光、杨万里的"参证史事"。加起来就是两派六宗。除此以外，《四库全书总目》还指出："又《易》道广大，无所不包，旁及天文、地理、乐律、兵法、韵学、算术，以逮方外之炉火，皆可援《易》以为说，而好异者又援以入《易》，故《易》说愈繁。"所有这些派别分歧都是由对《周易》性质问题的不同看法所引起的。这种分歧在历史上早已存在，并且一直延续到当代。尽管每一个派别都对易学研究作出了贡献，扩大了易学在传统文化中的影响，但是关于《周易》性质问题的研究也由此而增加了更大的难度，因为除了需要仔细分辨它所固有的复杂性质，还需要花费气力来克服各种历史上沿袭下来的顽固的门户之见。

鉴于目前的研究所面临的困境，我们觉得，那些由历史所造成而又各有其合理内核的门户之见不能再重复了，有必要对它们抱一种超越的态度,从广义的文化史的角度对这个问题进行新的探索。所谓广义的文化,这个概念可以通过其外延与内涵之间的逻辑关系来把握,如果其外延无所不包,广泛涉及各个文化领域,那么其内涵则必然缩小为某种本质的核心的层次。其实《四库全书总目》所说的"《易》道广大,无所不包",早就把《周易》看作是一种广义的文化现象了,虽然它的外延广大到无所不包,而居于本质核心层次的内涵却收缩为一种很小很小的《易》道。这个《易》道就是《周易》的思想精髓或内在精神,从根本上规定了《周易》的本质属性。就《周易》所容纳的内容而言,诚然是广泛涉及到卜筮、哲学、科学、史学以及其他的许多文化领域,但是所有这些都只是文化分支而不是广义的文化。从逻辑上来看,文化分支的属性与广义文化的属性,二者是不能等同的。只有当我们从所有这些文化分支中找到了一种可以称之为《易》道的东西,才能真正看出《周易》在外延上的扩展以及在内涵上的渗透。因此,我们对《周易》的性质问题的研究可以摆脱以往的那些门户之见,而转化为一种广义的文化史的研究。如果我们结合这种在外延上无所不包的广义的文化,侧重于研究《周易》的内涵,极力弄清究竟什么叫做《易》道,把它的本质的核心的层次发掘出来,那么我们将不仅可以据此而较为准确地判定它的基本性质,使目前的各种分歧的看法获得一定程度的会通整合,而且可以加深我们对传统文化精神的理解,为中国文化史的研究提供一个新的视角。

《周易》的外延与内涵主要是通过《易传》而确定的。《易传》反映了春秋战国时期人文主义高涨的文化背景,与《易经》所反映的那种宗教巫术的文化背景有很大的不同。在从《易经》到《易传》的长达七八百年的历史长河中,中国文化经历了一次从巫术文化到人文文化的重大的转化,走过了一段从合到分再从分到合的曲折的过程。人们称春秋战国时期为世界历史上的轴心期,西方、印度、中国这三个大的文化圈都是几乎同时在这个时期形成的。轴心期打破了古代文化数千年长期保持的宁静,使精神领域变得喧闹沸腾,众多的哲学家在三个地区首次涌现,反映出人类意识的觉醒。轴心期的特点一方面是产生了激烈的精神冲突和思想的分裂,另一方面是通过不断的讨论、争辩和相互交流,世界上所有三个地区的人类全都开始意识到整体的存在,创造了历史全景中的共同因素。这是人类历史的突破期,人类自觉地迈出走向普遍性的步伐,树立最高的追求目标,就是以轴心期为真正的起点的。[①]如果我们把春秋战国时期的中国文化放在这种世界历史的宏观背景中来考察，它的特点和意义将会变得更加显豁。

在这个时期，西周的那种统一的无所不包的天命神学是解体了，精神领域的那种沉寂停滞的局面是打破了，诸子蜂起，百家争鸣，学术由原始的统一而走向分裂，正如《庄子·天下篇》所描述的："天下大乱，贤圣不明，道德不一，天下多得一察焉以自好。"但是，这种分裂实际上是一次意识的觉醒，思想的启蒙，文化精神的再生。尽管当时的诸子百家彼此对立，相互争辩，但是由于他们都怀抱着伟大的理想，把整体性的存在作为自己的思考对象，所以也都对中国文化的发展作出了贡献，从不同的角度扩展了它的外延，深化了它的内涵，并且创造了许多共同因素，为下一个阶段的多样性的统一准备了条件。到了战国末年，学术融合的局面形成了，于是人们通过各种形式来总结这个时期的文化创造，有的派别性较强，比如儒家的荀子和法家的韩非子，有的派别性较弱，比如杂家的《吕氏春秋》。至于《易传》，更是自觉地顺应这种大融合的趋势，提出了"天下同归而殊途，一致而百虑"的著名命题，不仅比其他各家更为全面地总结了这个时期的

---

① 参阅雅斯贝尔斯《历史的起源与目标》。

一、易学与中国传统文化的关系

文化创造,而且接上了自伏羲以至《易经》的文化源头,把上古、中古、下古的文化连接成为一个完整的系列,以浓缩的形式反映了中国文化的起源、演变和发展的轨迹,特别是反映了从巫术文化向人文文化转化的轨迹。因此,由《易经》与《易传》所共同组成的《周易》,它的"世历三古"的成书史,本身就相当于一部中国文化发展史,或者相当于一部中国文化精神的生成史。如果说中国文化在轴心期产生了具有世界历史意义的第二次伟大的转折,那么在先秦典籍中,最能全面体现这次转折意义的,除了《易传》以外,再也找不出什么其他的著作来了。秦汉以后中国文化的发展往往要回到先秦来寻找精神的原动力,而找来找去,又往往归结为由《易传》所奠定的易学传统。这种情形决不是什么历史的误会,而主要是由于《周易》的那一套八八六十四卦的符号体系以及囊括天、地、人三才之道的整体之学,仿佛一个巨大的海绵体,把这个时期诸子百家所创造的共同成果都吸收容纳进来,并且综合总结成为一种卷之则退藏于密的《易》道,因而理所当然地被后世公认为代表了中国文化的根本精神。

拿轴心期文化来与古代文化相比,最显著的差别在于前者属于立足于理性的人文文化,后者属于受原始思维支配的巫术文化,完成了一次质的飞跃。所谓质的飞跃,从哲学的角度来看，并不是简单的否定，而是一种扬弃。古代文化的某些成分通过这种扬弃而被保存下来，纳入轴心期文化之中，但是也由此被赋予了迥然不同的文化价值与文化意义。在《易经》与《易传》之间，就存在着这样一种复杂微妙的关系。因此，我们对蕴含于《周易》之中的《易》道的探索，既不能把经、传等量齐观，也不能把二者彼此割裂。虽然就实际的情况而言，所谓《易》道属于轴心期的产物，如果没有诸子百家的文化创造，决不可能积淀凝聚出一种代表中国文化根本精神的《易》道；但是，它与古代巫术文化有着一种若即若离、或隐或显的联系，也是不容否认的事实。

既然如此，那么究竟什么叫做《易》道呢？这是易学研究中的一个永恒而常新的问题。自从《周易》成书以来，在二千多年的历史中，以易学名家者盖以千百数，他们都把这个问题当作最高的追求目标，都有一套自己的《易》道观。如果我们把所有这些看法都罗列出来，爬梳整理，比较分析，应该是一件饶有兴味的学术工作。为了节省篇幅，我们把这件工作留待读者自己去做，只从古人的一些有代表性的看法中归纳出三个方面的内容：第一是思维模式，第二是价值理想，第三是实用性的操作。虽然由于时代环境的不同，学派立场的差异，每个人的说法不大一样，但是在古人的心目中，都把《易》道看作是一个三位一体的完整的结构，既不能归结为单纯的思维模式，也不能归结为单纯的价值理想或者实用性的操作，必须同时包含此三者，才能把握它与其他之道相互区别的本质属性。这个《易》道是由轴心期文化创造中的共同因素积淀凝聚而成的，我们可以结合当时的文化背景对它的三方面的具体内容作一点粗略的考察。

就《易》道的思维模式而言，显然是一种统贯天人的整体思维。这种思维把世界的统一性看作是一个自明之理，着重于探索天与人、主与客、自然与社会之间的关系，以便从整体上把握其中的规律，用来指导人事，特别是政治。先秦儒、墨、道、法各家普遍利用这种思维模式来构筑自己的体系，尽管各家的基本范畴命题及思想内容的侧重点互不相同，但都毫无例外地以天人关系为主轴，视天人为一体。《易》道的特征在于利用这种思维模式构筑了一个以阴阳哲学为内容、以卦爻符号为形式的体系，从而在先秦各家中独树一帜。《说卦》所谓"立天之道曰阴与阳，立地之道曰柔与刚，立人之道曰仁与义"，这个囊括天、地、人的三才之道是通过六十四卦、三百八十四爻的象数关系表现出来的。形式与内容、象数与义理的奇妙的结合，这是《易》道的思维模式区别于其他各家的根本所在。

就《易》道的价值理想而言，则是追求一种以"太和"为最高目标的天与人、自然与社会的整体和谐。在先秦各家中，道家对自然的和谐仰慕钦羡，极尽赞美之能事。比如老子曾说："万物负阴而抱阳，冲气以为和。"[①] 庄子曾说："天地有大美而不言，四时有明法而不议，万物有成理而不说。"[②] 儒家则侧重于追求社会人际关系的和谐。比如《论语·学而》："礼之用，和为贵，先王之道斯为美。"实际上，先秦各家普遍地把天人和谐作为自己的价值取向，他们一方面援引天道来论证人道，把天道的自然规律看作是人类社会的合理性的根据；另一方面又按照人道来塑造天道，把人们对合理的社会存在的主观理想投射到客观的自然规律之上。只是各家对这种整体和谐的论述，有的比较侧重于天道，有的比较侧重于人道。《周易》在《乾卦·彖传》中提出了"太和"的思想，认为"乾道变化，各正性命，保合太和，乃利贞。首出庶物，万国咸宁"。这是先秦各家中对整体和谐的最完美的论述，集中体现了中国文化的最高的价值理想。

《易》道的实用性的操作层面是直接继承了原始的卜筮

---

① 《老子》四十二章。
② 《庄子·知北游》。

一、易学与中国传统文化的关系

巫术转化而来的。在人类文化发展的蒙昧阶段,人们为了实践上的需要,迫切关心自己的行动所带来的后果,于是把某一种占卜道具奉为神灵,企图通过巫术的操作来预测吉凶,进行决策。《周易》的那一套卦爻符号体系就是巫术操作的产物。后来人类文化进入了轴心期,卦爻符号变成了表现哲学思维的工具,但是其操作层面却是完全保存下来了。人们称《周易》为变经,即一方面研究客观的天道人事的变化,另一方面又联系人们的行动来研究主观的应变能力。因而《周易》也是一部"开物成务"之书,具有强烈的实践功能。就客观的变化而言,是无思无为,对人类的命运漠不关心,但就主观的应变能力而言,却是从忧患意识出发,立足于人文主义的价值理想,强调发扬自强不息的刚健精神,力图趋吉避凶,转祸为福,使客观形势朝着有利于人类目的的方向转化。《系辞》指出:"是故形而上者谓之道,形而下者谓之器,化而裁之谓之变,推而行之谓之通,举而错之天下之民谓之事业。"这就是明确告诉人们,《周易》的主旨在于把对道、器、变的客观认识用于实际的生活,推而行之以成就一番事业。如果我们忽视其实用性的操作层面,是无从窥见一个完整的《易》道的。

由此可以看出,关于《易》道的研究,只有结合中国的广义的文化史进行全面的考察，而不是单纯局限于《周易》本身，才能获得一个较为准确的理解。近来人们常说《周易》为中国文化之根，意思是中国的文化都是从《周易》这个根上生长出来的，只要懂得了《周易》，也就懂得了中国文化。其实这个说法并不准确，因为它脱离了文化史的发展，把伏羲、《易经》与《易传》所反映的三种不同的文化背景混为一谈，特别是把人文文化归结为巫术文化。应该承认，中国确有一个文化之根，但是这个文化之根是在春秋战国时期由诸子百家所共同创造的，《周易》仅仅是以其特有的形式对轴心期的文化创造进行了一次综合总结。所以我们为了消除种种误解，有必要提出一个相反的说法：如果不从宏观的角度全面了解春秋战国时期人文主义高涨的文化背景，就根本不可能懂得《周易》。汉代以后，《周易》被奉为群经之首，六艺之原，其影响广泛地扩展到哲学、政治、伦理、美学、科学各个文化层面，看来似乎可以说是一种文化之根。其实《周易》在传统文化中的地位和作用始终是保持一种张力，既有发散的一面，也有收敛的一面，如果历代的研究者不按照时代的需要对《周易》作出新的解释，不利用《周易》对当时的文化创造进行新的综合总结，它也就只能成为死去的糟粕，而不能成为活着的精华，从而对当时的文化产生影响了。至

一、易学与中国传统文化的关系

于易学的发展尚有正传与别传、主流与末流之分,继承发扬轴心期所形成的《易》道精神的固然占了主导地位,牵强附会使之流入迷信卜筮者亦复不少,如果我们不作这种区分而笼统地强调《周易》为文化之根,从而导致对传统文化精神的带根本性的误解,那就对当代文化的发展大大不利了。

二、先秦文化的发展与《周易》的形成

　　《周易》这部书包括《易经》与《易传》两部分。《易经》大约形成于殷周之际，《易传》则形成于战国后期，二者的时间差距长达七八百年，反映了不同的文化背景，体现了不同的思想内容。但是，古人往往根据"四圣一揆"的说法，只见其同而不见其异，习惯于认为，"伏羲氏始画卦，而天人之理尽在其中矣"，《易经》的思想为原始的卦画所固有，《易传》的思想为《易经》所固有，把经、传看作是一部完整的著作。这种看法抹煞了文化发展阶段的性质差异，不符合历史的真相，如果用之于易学研究，必然是以传解经，牵经合传，殚思竭虑，穿凿附会，极力去寻找经、传之间本来并不存在的逻辑联系。到了现代，顾颉刚、郭沫若、闻一多、李镜池、高亨等学者着重于二者内容上的差别，把经、传分开来进行研究，以经观经，以传观传，从历史发展的角度考订出它们

二、先秦文化的发展与《周易》的形成

属于不同的制作时代，反映了不同的思想意识。他们的研究扫除了笼罩在《周易》这部书上的神秘的迷雾，使人们比较容易地接近历史的真相。但是，由于过分强调其异而不见其同，易学研究也就失去了它在文化史上所具有的那种整体性的意义以及绵延不衰的强大的生命力，而变质为一种以单纯追求历史真相为目的的历史考据学了。当然，关于八卦起源问题，《易经》的成书年代问题，《易经》中的古史资料问题，十翼的作者问题，都是易学研究中的一些重要问题。但是，如果通过这种研究而把经、传完全割裂开来，忽视《周易》在文化史上的影响关键在于它历来被人们看作是一部经、传合一的完整的著作，那就是矫枉过正，只见树木，不见森林，陷入另一种片面性之中了。

我们曾经指出，在《易经》与《易传》之间，存在着一种复杂微妙的关系，既有联系，又有差别。其差别表现为前者是巫术文化的产物，后者是人文文化的产物。其联系则表现为《易传》站在人文文化的立场对《易经》所反映的巫术文化进行了创造性的转化，以传解经，牵经合传，使经、传共同体现一种《易》道，而这种《易》道也就代表了轴心期所形成的中国文化的根本精神。如果有传而无经，则所谓《易》道就失去了依附的对象，无从见出其生成的过程。如果有经

而无传，则经部的卦爻符号与卦爻辞就始终停留于巫术文化的水平，根本不可能有什么《易》道了。由于历史是连续与中断的对立统一，不能只有连续而无中断，也不能只有中断而无连续。古代的学者经、传不分，只看到连续而看不到中断，固然不符合历史的真相，五四以后，以古史辨派为代表的疑古辨伪的考据学者割裂经、传，只看到中断而看不到连续，特别是看不到其中蕴含着一种曾经在文化史上产生过重大影响的《易》道，同样也是不符合历史的真相的。

在中国文化史上，先秦是一个极为重要的发展阶段，中国文化的根本精神及其中坚思想就是在这个时期形成的。《周易》的经、传合一的成书史以浓缩的形式反映了这个形成的过程，因而易学研究既不能把经、传等量齐观，也不能把二者彼此割裂，而应该立足于文化史的整体意义，去着重探索从《易经》到《易传》的历史，弄清《易传》究竟是怎样对《易经》进行创造性的转化，如何促使体现中国文化根本精神及其中坚思想的《易》道得以形成的过程。

就《易经》本文而言，它由卦爻符号与卦爻辞所组成，如果严格遵循以经观经而不是以传解经的原则，我们无论如何也不能从中找到一种可以称之为《易》道的东西。因为第一，卦画的两个基本符号"— —"、"——"，不具有哲学中的

二、先秦文化的发展与《周易》的形成

阴阳范畴的意义，也不具有原始的阴阳概念的意义。在卦爻辞中，我们找不到阴阳对举的字样，甚至连一个阳字也找不到，只在《中孚卦》九二爻辞中找到一个阴字（"鸣鹤在阴，其子和之"）。这个阴字和"— —"这个符号并无意义上的关联。第二，八卦不具有象征八种物质元素的意义。八卦的卦名是有了，但是根据卦爻辞，不能断定乾、坤、震、巽、坎、离、艮、兑就是代表天、地、雷、风、水、火、山、泽。《乾卦》九五爻辞中有一个天字（"飞龙在天，利见大人"），但这并不说明乾代表天。其他七卦的卦爻辞中，连地、雷、风、水、火、山、泽的字样都没有出现。虽然如此，《易经》的卦爻符号与卦爻辞并不是毫无意义可言的，我们曾经列举了三点予以说明。第一，它给卦爻符号题了确定的卦名与爻名，可以借助文字的提示作用，从中引发出一种象数的思维模式。第二，在卦爻辞中，记录了当时人们所掌握的各种知识，这些都是直接来源于现实生活的经验总结，带有一定程度的人文主义的色彩。第三，它接受了当时发展起来的以德配天的天命神学观念，使之与卜筮相结合，构成了一个以天人之学为理论基础的巫术操作系统。以上三点也可以简约地概括为象数与义理两个方面。其卦爻符号就是象数，天命神学观念以及某些人文主义的知识内容就是义理，二者相互依存，不可或缺，

共同构成为一个巫术操作系统，这就是《易经》所显示出来的文化意义。

《易传》和《易经》一样，也是由象数与义理两个方面共同构成的，但是《易传》的象数与义理却显示出了和《易经》完全不同的文化意义。就象数方面而言，《易经》的象数是由蓍草排列所形成的数与形的变化定型规范而来，既没有用阴阳学说对九六奇偶之数作出哲学的解释，也没有从各种杂取之象中提炼出八卦的基本卦象。至于其义理的方面，虽然比原始巫术的神人交感的观念前进了一步，把世界看作是一个井然有序的统一整体，但却根据当时占绝对统治地位的天命神学观念，看作是在天神支配下的统一，而不是在阴阳规律支配下的统一。拿《易传》来和《易经》相比，最显著的不同就是它对《易经》的象数与义理两个方面都进行了创造性的转化，使二者在阴阳哲学的基础上形成了新的结合。照《易传》看来，天道有阴阳，地道有柔刚，人道有仁义，天、地、人三才各有两种相互对立的势力，合起来说就是"一阴一阳之谓道"。如果阴阳相应，协同配合，叫做达到了中和境界，中和的极致名曰太和，这既是宇宙秩序的本然，也是人类所追求的最高理想。可以看出，《易传》的这种义理内容是《易经》所不具有的。此外，在象数方面，《易传》把卦爻符号改造

二、先秦文化的发展与《周易》的形成

成为一种表现阴阳哲学的必不可少的形式。照《易传》看来，数有奇偶，卦分阴阳，爻主刚柔，这些都是圣人观察了天地万物阴阳的变化特意画出来进行仿效的。一卦六爻，上两爻象征天道，下两爻象征地道，中间两爻象征人道，六爻之间所结成的承、乘、比、应、时、位、中的各种关系，则表现了阴、阳两种相互对立势力的交错联结、斗争消长的复杂情况。卦爻符号的这些意义，也是《易经》所不具有的。因此，《易经》和《易传》在象数与义理方面的区别，关键在于前者只有天命神学观念以及数卜、象占的巫术思维，后者则建构了一个阴阳哲学的体系。

但是，由于《易传》作为一部解经之作，不能脱离《易经》而单独存在，它必须按照以传解经、牵经合传的原则，把自己所建构的阴阳哲学说成是为《易经》所固有，并且力图在《易经》本文的卦爻符号与卦爻辞之间建立一种逻辑上的联系。《易传》的这种做法不仅从根本上改变了《易经》的象数和义理原有的文化意义，而且长期以来使人们误认为《周易》是一部经、传合一的完整的著作，其中蕴含着一种以阴阳哲学为基础的高深奥妙的《易》道。实际上，所谓《易》道是《易传》于战国末年总结了诸子百家共同的文化创造才形成的，并不是《易经》所固有的。从《易经》的天命神学到《易

传》的阴阳哲学，走过了一段漫长曲折的道路，它的各个发展阶段和基本线索从总的方面来说应该与先秦文化史的发展阶段和基本线索相符合，而不能与之相背离。如果说《易传》为了提高《易》道的神圣性和权威性，把阴阳哲学说成是伏羲氏仰观俯察而来，有其历史的合理性，那么我们今天脱离先秦文化史的背景，仍然想从原始的卦画中来寻找阴阳哲学的起源，就不大恰当了。

从《易经》到《易传》的这一段历史，相当于一部先秦文化发展史，可以大体上划分为西周、春秋、战国三个不同的发展阶段，从人类意识觉醒的角度来看，可以说其中贯穿着一条人文主义的文化由萌芽、兴起到高涨的基本线索。易学的演变与阴阳哲学的形成是和这个总的发展趋势相适应的。

殷周之际，中国文化经历了一次宗教思想的变革，周人根据当时社会变革的需要，把殷人的置鬼神于首位而贬抑人事的宗教思想改造为强调尽人事的宗教思想。这次变革标志着先秦文化史上的一个重要的发展阶段，表现了人们的思想从早期的宗教蒙昧主义中获得一定程度的解放，为开展自觉的理性活动争得了一席地盘。因此，周人对卜筮巫术的看法与殷人相比也就有了很大的改变。殷人事无大小都要求神问卜，把鬼神看作是以盲目的必然性统治人们的神秘威力，放弃人事的自主活动。周人则可以根据一定的理性原则来处理神人关系，而不必像殷人那样完全依赖卜问，盲目地迷信鬼神。比如《尚书·洪范》指出：

立时人作卜筮，三人占，则从二人之言。汝则有大疑，谋及乃心，谋及卿士，谋及庶人，谋及卜筮。汝则从，龟从，筮从，卿士从，庶民从，是之谓大同，身其康强，子孙其逢吉。汝则从，龟从，筮从，卿士逆，庶民逆，吉。卿士从，龟从，筮从，汝则逆，庶民逆，吉。庶民从，龟从，筮从，汝则逆，卿士逆，吉。汝则从，龟从，筮逆，卿士逆，庶民逆，作内吉，作外凶。龟筮共违于人，用静吉，用作凶。

这就是说，在周人的决策活动中，卜筮巫术只是作为一种参考因素发挥作用。为了作出最佳决策，除了征求龟卜和筮占的赞同以外，还要加上君主本人赞同，卿士赞同，庶人赞同，才能称之为"大同"。至于对卜筮的解释，"三人占，则从二人之言"，在不同的解释中取其多数。可以看出，周人对卜筮的看法是和他们的那种强调尽人事的宗教思想完全一致的，这就为巫术文化向人文文化转化开辟了一条通路。

但是，在整个西周时期，以德配天的天命神学占了绝对统治地位，我们除了这种唯一的意识形态之外，看不到有其他的异端思想，思想领域停滞沉闷，平静得像一潭死水。这种情形一方面是因为天命神学是当时的国家宗教，带有强烈的政治性，周天子为了树立自己的政治权威，不得不压制其他的异端思想，把它奉为唯一的意识形态；另一方面是因为这种天命神学作为一种宗教世界观，把世界置于天神观念的全面支配之下，这就垄断了对世界的解释，禁锢了人们的思想，如果不破除天神观念，就根本无法在思想领域取得新的进展。易学受这个时期的总的形势的影响，处于停滞沉闷状态，也没有提出一种阴阳哲学的世界观来取代或者动摇天命神学的世界观，这是完全可以理解的。

易学的进展与阴阳哲学的孕育是在春秋时期才开始起步的。春秋时期的三百年间，各个方面都呈现出新旧交替的特点。春秋介于西周和战国之间，和西周相比，确实是打破了那个时期的沉闷停滞的局面，开始动荡起来，但是和战国相比，却完全不像那个时期的喧闹沸腾，变化剧烈。这种历史特点反映到思想上，就是既要求摆脱传统文化的束缚而独立思考，又不能和传统文化完全决裂；虽然提出了一些零星片断的崭新的观点，却没有形成与天命神学相对立的完整的体系，传统与创新、理性与信仰的斗争错综交织。春秋时期在文化史

二、先秦文化的发展与《周易》的形成

上的意义,在于它为战国时期的百家争鸣准备了思想条件,是中国古代的一次伟大的思想解放运动的前奏曲。在这个时期,易学虽然取得了一定的进展,但尚未实现从巫术文化到人文文化的转化;阴阳哲学虽然开始孕育,但只是量的积累,尚未建构成一个新型的世界观。特别值得注意的是,易学和阴阳哲学属于两个不同的发展系列,双峰对峙,两水分流,并没有汇集合流为一个统一的《易》道。下面我们分别就这两个方面作一点粗略的考察。

就易学方面而言,首先是人们对卜筮的看法,和西周相比,人文的理性的因素有了显著的增长。比如《左传》桓公十一年记载,楚国的斗廉说:"卜以决疑,不疑何卜?"《左传》僖公十五年记载,晋惠公被秦国俘虏,后悔说:如果先君晋献公听从史苏的占卜,不把伯姬嫁给秦国,我不至于到这个地步。韩简却认为:"先君之败德,及可数乎?史苏是占,勿从何益!"《左传》昭公十二年记载,鲁国的南蒯打算叛变,占得《坤卦》六五爻辞,"黄裳元吉",以为大吉大利。但是,子服惠伯却作出了完全相反的解释,认为"《易》不可以占险",只有具备善良品德的人用来占问忠信之事才会有灵验,否则,即令筮得吉兆,也一定会失败。《左传》襄公九年记载,鲁国的穆姜被迫迁于东宫,占得《随卦》,太史劝其出走。

但是穆姜本人却认为，《随卦》卦辞"元亨利贞无咎"，意思是只有具备元、亨、利、贞四种品德才能无咎，而我作为女人参与动乱，并不合于《随卦》卦辞，自取邪恶，岂能无咎？通过这些例子可以看出，虽然春秋时期人们仍用卜筮来解决重大疑问，但并不盲目信赖《易》占的筮兆，而着重于以清醒的理性来探索行为主体与客体之间的内在联系。这种态度上的改变对于推动巫术文化向人文文化转化起了极大的作用。这是一个具有重大意义的进展，说明当时一些人已开始摆脱宗教巫术的束缚，从理性的角度对《易经》这部卜筮之书进行批判和改造了。

其次，人们对《易经》的义理也提出了一系列立足于人文主义的新解。比如《左传》宣公十二年记载，晋国的彘子违反中军统帅桓子的部署擅自出兵，知庄子不通过占卜而直接引用《师卦》初六爻辞进行分析。这条爻辞说："师出以律，否臧，凶"，意思是，军队行动必须有纪律，否则就会失败。因此，知庄子得出结论说："此师殆哉！"《左传》襄公二十八年记载，郑国派大夫游吉到楚国聘问，被楚王拒绝，要郑国国君亲自来。游吉也没有占卜，而是直接引用《复卦》上六爻辞"迷复凶"来分析楚王本身的行为。他认为，政德是国君应该抓住的根本，作为一个国君而竟然抛弃了根本，还要恃强凌弱以满足自己的权势欲,就好比一个人迷失了道路而想回来,却不知道回到何处,这就必然导致不吉的后果,所以楚王活不长久了。这些解释可以说是开了后世义理派易学的先河。《左传》襄公九年穆姜对"元亨利贞"所提出的新解是具有典型意义的。这四个字的本义,据李镜池、高亨先生的研究:元,大也;亨,即享祀之享;利,即利益之利;贞,即贞卜之贞也。合起来说,犹言大享利占。① 但是穆姜却对它们进行了创造性的转化,解释为四种最崇高的品德。她说:"元,体之长也;亨,嘉之会也;利,义之和也;贞,事之干也。体仁足以长人,嘉德足以合礼,利物足以和义,贞固足以干事。"穆姜的新解后来为《易传》的《文言》完全袭用,就这一点而言,说明巫术文化业已转化而为人文文化了。表面上看来,穆姜的新解似乎是对本义的一种歪曲,但是,这种新解符合中国文字本来具有的多义性的特点,而且适应当时人们推进文化向前发展的普遍的需要,所以能为人们所认同,并不是毫无根据的。

第三,春秋时期人们对象数关系的解释也有了很大的进展。西周时期,对卦画的意义作了某种说明的,只有《尚书·洪

---

① 参阅李镜池《周易探原》中之《周易筮辞考》、高亨《周易古经今注》中之《元亨利贞解》。

范》中的一条材料。这条材料说："稽疑。择建立卜筮人，乃命卜筮。曰雨，曰霁，曰蒙，曰驿，曰克，曰贞，曰悔，凡七。卜五，占用二，衍忒。"这是说，龟兆有五种，筮兆仅有贞、悔二种。贞是内卦，悔是外卦，占问吉凶以卦画所呈现的内卦和外卦的交错关系为据。到了春秋时期，才有文字说明材料证明这个时期出现了卦象说，把卦画解释成具有象征性的意义。据李镜池先生的研究，综计《左传》、《国语》的记载，八卦的卦象有下列几种：

《乾》——天、光、玉、君、天子、父。

《坤》——土、马、帛、母、众、顺、温、安、正、厚。

《坎》——水、川、众、夫、劳、强、和。

《离》——火、日、鸟、牛、公、侯、姑。

《震》——雷、车、辁、足、兄、长、男、侄、行、杀。

《巽》——风、女。

《艮》——山、男、庭、言。

《兑》——泽、旗、心。①

---

① 参阅李镜池《周易探原》第一七二页、第四一三、四一四页。

二、先秦文化的发展与《周易》的形成

它的范围,包括自然之象与社会之象,有象征具体事物的,也有象征抽象观念的。根据或本于卦爻辞,或本于卦画。方法则用类推对比。关于对象数关系的解释,朱伯崑先生概括为三说,即一变卦说,二取象说,三取义说。[①] 所谓取象即取其具体事物之象,取义即取其抽象观念之义,前者后世称之为"卦象",后者称之为"卦德"。所谓变卦是一种新的占法,强调应根据"本卦"和"之卦"的变化来决断吉凶,与原来局限于重卦中贞悔内外关系的占法不相同。所有这些新的解释虽然目的都是为了用于卜筮,大多是牵强附会,胡乱类比,但是其中贯穿着一种推天道以明人事的思想,混杂有根据现实的生活经验进行推论的成分,曲折地反映了当时人们思维水平的提高和理性的觉醒。

在春秋时期,已有人用卦象来表示对天道的新看法。《左传》昭公三十二年记载,赵简子问史墨说:季氏赶走他的国君,而百姓顺服,诸侯亲附他,这是为什么?史墨回答说:"鲁君世从其失,季氏世修其勤,民忘君矣。虽死于外,其谁矜之?社稷无常奉,君臣无常位,自古以然。故《诗》曰:'高岸为谷,深谷为陵。'三后之姓,于今为庶,主所知也。在《易》

[①] 参阅朱伯崑《易学哲学史》上册,第二〇—二五页。

卦，雷乘《乾》曰《大壮》矅，天之道也。"史墨认为，《大壮》的卦象是雷在天之上，雷本来在天之下，现在转化为天之上，这种对立面的相互转化是自然和社会的普遍规律，是"天之道也"。从社会现象来看，"社稷无常奉，君臣无常位"，贵族和平民的地位并不是永恒不变的。从自然现象来看，高岸可以变成深谷，深谷也可以变成山陵。因此，《大壮》的卦象就是对这些自然和社会现象的变化规律的反映，蕴含着对立面相互转化的哲学道理。史墨的这种解释完全立足于人文主义的理性而毫无宗教巫术的色彩，带有鲜明的时代特征。可以把这种解释看作是一次重大的突破，因为它表明在当时理性觉醒和思想解放的时代潮流的推动下，人们已经开始把用于卜筮的卦象改造为表现哲学观点的工具了。

总起来说，春秋时期对易学的象数与义理的解释虽然取得了很大的进展，但只是停留于提出一些零星断片的创新的观点，而没有形成一个与传统的天命神学相对立的思想体系。这种情形除了受外部的历史条件的制约以外，还有一个内部的思想上的原因，即没有引进阴阳学说，无法使象数与义理在阴阳学说的基础上形成新的结合。因为如果不引进阴阳学说而只是解释八卦卦象，就不能把八卦构成一个完整的如同《易传》那样的八卦哲学的系统，使之具有乾坤六子的意义。

二、先秦文化的发展与《周易》的形成

同时，由"——""——"这两个基本符号推演而成的那一套卦爻结构也不能得到全面的解释，使之构成如同《易传》那样的承、乘、比、应的交错联结关系。在春秋时期，阴阳学说属于另一个发展系列，和易学一样，也是经历了一个量的积累的过程，尚未形成为完整的思想体系。如果二者仍然处于对峙分流的阶段，就根本不可能有一个统一的《易》道。

据戴琏璋先生的研究，阴阳两字的原始意义，主要是指日光的有无或日光能否照射的地区，由此引申，常用以指阴寒与温暖的气候。如《尚书·禹贡》："南至于华阴"，"至于岳阳"，阴指山之北，阳指山之南。《诗经》阴字十见，其中六次指天气阴暗，用以指方位的一次，用为荫的借字一次，其余两次都与阴暗有关。《诗经》阳字二十见，其中十三次用阳的本义，指方位，一次用以指日光，一次用以表示明朗，三次用以表示温暖，还有两次则用为迭字复词，用以形容舒展自得的样子。[①]

直到西周末年，伯阳父才把阴阳作为天地之气来解释地震的成因。《国语·周语上》记载：

[①] 参阅戴琏璋《易传之形成及其思想》中之《阴阳观念的发展》。

幽王二年，西周三川皆震。伯阳父曰：周将亡矣！夫天地之气，不失其序。若过其序，民乱之也。阳伏而不能出，阴迫而不能蒸，于是有地震。今山川实震，是阳失其所而镇[于]阴也。阳失而在阴，川源必塞。源塞，国必亡。

伯阳父一方面把阴阳二气的对立斗争看作是发生地震的原因，认识到自然界存在着两种互相对抗的力量，但是另一方面又把阴阳失序看作是人事干扰的结果，由此引起的地震是天神要灭亡一个国家的征兆，甚至预言不过十年就要亡国。可以看出，伯阳父虽然推进了阴阳观念的发展，使之具有一定的哲学意义，却没有割断天神与人事之间的幻想的联系，冲破自西周以来传统的天命神学思想的束缚。

春秋时期，随着人文的理性的思潮逐渐兴起，阴阳观念也相应地发生了很大的变化。《左传》僖公十六年记载：

陨石于宋五，陨星也。六鹢退飞，过宋都，风也。周内史叔兴聘于宋，宋襄公问焉，曰："是何祥也？吉凶焉在？"对曰："今兹鲁多大丧，明年齐有乱，君将得诸侯而不终。"退而告人曰："君失问，是阴阳之事，非吉凶所生也，吉凶由人。吾不敢逆君故也。"

二、先秦文化的发展与《周易》的形成

叔兴认为，陨石和六鹢退飞这种自然现象，"是阴阳之事，非吉凶所生也，吉凶由人"。叔兴的这种阴阳观念与伯阳父相比，有了明显的进展。因为叔兴的说法割断了自然与社会、天神与人事之间的幻想的联系，力图按照自然与社会的本来面貌去认识它们，就其思想倾向而言，是与传统的天命神学相对立的。

《左传》昭公二十四年记载：

夏五月，乙未，朔，日有食之。梓慎曰："将水。"昭子曰："旱也。日过分而阳犹不克，克必甚，能无旱乎？阳不克莫，将积聚也。"

梓慎认为日食是阴胜阳，将要引起水灾。昭子不同意这种看法，认为只会引起旱灾。因为过了春分阳还不能胜阴，将要积聚起来，恶性膨胀，这就不是引起水灾，而是旱灾了。梓慎和昭子的说法都缺乏科学的根据，日食和水旱灾害并无必然的联系。但是他们两人都摆脱了天神观念的束缚，纯粹从理性的角度运用阴、阳这对范畴进行推论，这就有可能根据实际的结果来检验推论的正确与否，使阴阳学说逐渐完善精密，

发展成为自然哲学的理论基础。

春秋末年,范蠡把阴阳范畴提到天道的高度来论述,使之具有更为普遍的哲学意义,代表了当时阴阳学说所达到的最高水平。他说:

> 天道盈而不溢,盛而不骄,劳而不矜其功。
> 因阴阳之恒,顺天地之常,柔而不屈,强而不刚。
> 臣闻古之善用兵者,赢缩以为常,四时以为纪,无过天极,究数而止。天道皇皇,日月以为常,明者以为法,微暑则是行。阳至而阴,阴至而阳。日困而还,月盈而匡。①

范蠡认为,天道是非常明显的,它就是日月更迭和四时代谢所表现的规律。日走到尽头,第二天又周而复始,月到盈满之时,就开始一点点亏缺,四时也是这样循环交替,发展到顶点,就要向它的反面转化。这种运动发展的过程,虽盈满而从不过度,虽盛大而从不骄傲,虽勤劳而不自以为功。究其内在的根本原因,就是阴、阳两种对立势力的变化,因为阳发展到极点就变成阴(阳至而阴),阴发展到极点就变成

---

① 《国语·越语下》。

二、先秦文化的发展与《周易》的形成

阳（阴至而阳）。这种阴阳变化的规律叫做"阴阳之恒"。恒即恒常之意，也就是变中之不变。范蠡的这个思想和《易传》所说的"一阴一阳之谓道"是完全相通的。

但是，范蠡的阴阳学说和当时的易学并不相干，而且也无意于把它发展成为一种与天命神学相对立的思想体系。这种情形是和春秋时期新旧交替的总的历史特点相适应的。当时"学在官府"的局面没有打破，掌握一定的文化知识具有精神生产能力的只有两类人，一类是祝宗卜史，另一类是卿大夫。这两类人和战国时期的思想家不同，本身并没有制造思想体系的需要。他们只是就事论事，对一些个别的具体的问题发表议论，提出看法。但是，由于他们身居高位，许多现实的问题和新出现的情况纷至沓来，逼得他们去思索，去处理，也最容易感受到时代的气息，所以也往往在他们身上表现出某些创新的思想。这种创新虽然客观上是曲折地反映了人文理性因素的成长，不同程度地动摇了传统的天命神学的统治地位，但是就提出创新观点的本人来说，主观上却没有自觉意识到这一点。因此，这个时期没有出现与传统的天命神学相对立的思想体系，而只有一些零星断片的创新的观点，是一个可以理解的合乎规律的历史现象。

易学的彻底改造，阴阳学说的孕育成熟，以及统一的《易》

道的形成，都是通过战国时期的思想家长期艰苦的努力才得以实现的。战国时期的思想家具有另一种特殊的性格，和春秋时期的那种身居高位而与传统习惯势力有着千丝万缕联系的祝宗卜史、卿大夫完全不同。他们属于士阶层，即普通的知识分子，在那个天下无道、礼坏乐崩的动乱时代，脱离依附状态而游离于传统的意识形态与权力结构之外，因而获得了祝宗卜史、卿大夫所无法想象的思想上的自由与人格上的独立。他们都是一些伟大的理想主义者，以整体性的存在作为自己思考的对象。他们力图凭借自己的理性来为人类寻找一个新的统一性的原理，使当时分崩离析的社会重新凝聚起来，建立在更加合理的理论基础之上。为了达到这个目的，他们就不能像春秋时期的祝宗卜史、卿大夫那样，局限于头痛医头，脚痛医脚，就某些个别的现实的问题发表自己的看法，而必须制造一个完整的思想体系。

所谓思想体系，它有两个显明的特征：第一是在外延上周延于自然与社会的各种现象，是一种囊括天人的整体之学；第二是在内涵上有一个核心观念，有一个可以解释各种现象的一以贯之的总的思想原则。就这两个特征而言，宗教与哲学都是同样具有的，都可以称之为思想体系，只是从内涵的理论基础来看，一个是立足于神学的信仰，一个是立足于人

二、先秦文化的发展与《周易》的形成

文的理性。由于西周的天命神学是中国文化史上最早成型的唯一的思想体系,战国时期的思想家不能不把它作为自己唯一可以依据的思想来源,所以他们为了制造自己的思想体系,大多同时从两个方面着手,即一方面继承了它的那种囊括天人的整体之学,另一方面则极力把它的核心观念从神学的信仰转化为人文的理性。这个转化的过程是进行得相当艰苦的,因为它实际上就是哲学与宗教、理性与信仰的斗争的过程,我们从先秦的每一个重要的哲学流派身上都可以看出这种斗争的伤痕。儒家的创始人孔子当然没有完成转化的任务,墨家的创始人墨子也没有完成。所谓孔墨显学,不过是介乎哲学与宗教之间的思想体系。直到道家的创始人老子第一次把道凌驾于天之上,这场斗争才算取得了初步胜利。

正是由于通过道家的努力,阴阳才从具有哲学意义的概念发展成为重要的哲学范畴,在他们的思想体系中起着支撑点的作用。比如《老子》第四十二章说:"万物负阴而抱阳,冲气以为和。"《庄子·田子方》说:"至阴肃肃,至阳赫赫。肃肃出乎天,赫赫发乎地,两者交通成和,而物生焉。"道家的最高哲学范畴是道而不是阴阳,但是他们援引阴阳这对范畴描绘了自然的和谐,揭示了自然的规律,从而建立了一个与传统的天命神学相对立的思想体系,这种做法对其他的

一些哲学流派是产生了极为深远的影响的。《管子·乘马篇》说："春秋冬夏，阴阳之推移也；时之短长，阴阳之利用也；日月之易，阴阳之化也。"《荀子·礼论》说："天地合而万物生，阴阳接而变化起。"

《易》道的思想体系与上述的这些流派不相同，它的特征是以阴阳哲学为内容，以卦爻符号为形式，包括象数与义理两个方面。就义理方面而言，它不仅用阴阳范畴来表述天道，而且用来表示地道和人道，也就是说，它并不停留于用阴阳范畴来建立一个自然哲学，而是进一步把阴阳范畴发展为一个核心观念，一个总的思想原则，用来建立一个统贯天、地、人三才之道的整体之学。只有当它成功地建立起了这种整体之学，才有可能转过头来对卦爻符号进行哲学的改造，使之成为表现义理内容的象数形式。《说卦》指出：

昔者圣人之作《易》也，将以顺性命之理，是以立天之道曰阴与阳，立地之道曰柔与刚，立人之道曰仁与义。兼三才而两之，故《易》六画而成卦。分阴分阳，迭用柔刚，故《易》六位而成章。

这一段材料是结合象数与义理两个方面对《易》道所作的最

二、先秦文化的发展与《周易》的形成

完整的表述，其义理就是以阴阳为核心观念的三才之道，其象数就是一卦六爻中的阴阳刚柔的位次变化，二者共同构成为统一的《易》道。由此可以看出，卦爻符号具有阴阳哲学的意义，完全是《易传》解释的结果。原始的卦画并不具有这种意义，《易经》也不具有这种意义，春秋时期虽然出现了关于八卦的卦象说，但由于阴阳学说与易学处于对峙分流阶段，也没有人用阴阳来解释易学的象数关系。一直到战国末年，《易传》综合总结了各家共同的思想成果，建立了一个阴阳哲学的体系，才对象数关系作出了全面的哲学解释。

《易传》在天道观方面接受了道家思想的影响是显而易见的。陈鼓应先生曾作了细致的研究，列举了一系列确凿可信的证据。[①] 但是，由于《易传》的思想体系本质上是一种统贯天、地、人三才之道的整体之学，就其人道观方面而言，不能排除儒家思想的影响。如果细加分辨，还可以找到管仲学派以及其他各家思想的影响。我们在导论中曾经指出，《易》道致力于追求一个以太和为最高目标的天人和谐的理想。在先秦各家中，道家侧重于追求自然的和谐，儒家侧重于追求社会人际关系的和谐，《易传》则是适应战国末年学术大融

---

① 参阅陈鼓应《老庄新论》中之《易传与老庄》。

合的趋势,消除了争鸣时期所形成的学派成见,根据同归殊途、一致百虑的包容原则,对儒、道两家进行了综合总结,为中国文化树立了一个天人整体和谐的价值理想。《易传》不仅根据这个包容原则综合总结了轴心期各家的文化创造,而且作为一部解经之作,自觉地接上了中国文化的发展源头,融汇为一种代表中国文化根本精神的统一的《易》道。既然如此,我们就用不着去追究它的学派属性和精神了。

三、《周易》的思想精髓与价值理想
——一个儒道互补的新型的世界观

　　表面上看来,在《周易》的结构形式中,传是解经之作,依附于经而存在,应该是经为主体而传为从属;但是就思想内容实质以及所体现的文化意义而言,经却是依附于传而存在的,正好颠倒过来,传为主体而经为从属。自从《易传》按照以传解经、牵经合传的原则对《易经》进行了全面解释之后,《易经》原来所具有的那种宗教巫术的思想内容和文化意义便完全改变了,其卦爻符号与卦爻辞只是作为一种思想资料依附于传而存在,被《易传》创造性地转化成为具有人文理性特征的思想内容和文化意义。由于《易经》的卦爻符号与卦爻辞含义模糊,暧昧不明,相互之间本无内在的逻辑联系,《易传》的解释往往不能自圆其说,矛盾牴牾扞格难通之处甚多,这就产生了不少的歧义,为后人进一步的解释留下了大量的余地。其实，后人的解释也往往陷入不能自圆其说的困境，无论怎样殚思竭虑，耗费毕生的精力，也难以弥合经、传之间的纰漏，从文字上和逻辑上把《周易》全书的内容讲通。但是，在二千多年来的易学研究中，除了个别的例外，如南宋的朱熹，几乎所有的人都遵循着《易传》的思路，从来没有考虑到应当摆脱传为经所涂的粉墨脸谱，去阐明《易传》的本义，恢复历史的真相。这是一个很值得注意的文化现象，说明人们研究《周易》的目的和兴趣所在主要是传文的解释而不是经文的本义，传文受到重视的程度要超过经文。其所以如此，是因为在传文的解释中蕴含着一种立足于人文理性的《易》道，贯穿着一种代表中国文化根本精神的思想精髓与价值理想，人们遵循《易传》的思路去作进一步的解释工作，主要是为了把这种思想精髓与价值理想完整地继承过来，作为在新的历史条件下进行思考的精神的原动力。

现代哲学家金岳霖先生曾经指出，每一个文化区有它的中坚思想，每一中坚思想有它的最崇高的概念、最基本的原动力。现在这世界的大文化区只有三个：一是印度，一是希腊，一是中国。它们各有它们的中坚思想，而在它们的中坚思想中有它们的最崇高的概念与最基本的原动力。中国的中

三、《周易》的思想精髓与价值理想
——一个儒道互补的新型的世界观

坚思想似乎儒、道、墨兼而有之,其最崇高的概念似乎是道,思想与情感两方面的最基本的原动力似乎也是道。关于道的思想属于元学的题材而与知识论不同。研究知识论可以站在知识的对象范围之外,用冷静的态度去研究它。研究元学则不仅在研究对象上求理智的了解,而且在研究的结果上求情感的满足。知识论的裁判者是理智,而元学的裁判者是整个的人。不道之道,各家所欲言而不能尽的道,国人对之油然而生景仰之心的道,万事万物之所不得不由、不得不依、不得不归的道才是中国思想中最崇高的概念、最基本的原动力。道可以合起来说,也可以分开来说。自万有之合而为道而言之,道一,自万有之各有其道而言之,道无量。①

金岳霖先生的这一段精辟的言论,对于我们准确地理解《周易》的思想精髓与价值理想,把握中国文化的根本精神,具有极大的启发意义。按照金岳霖先生的看法,在世界的三个大文化区中,中国文化之所以不同于印度文化和希腊文化的特色,关键在于它形成了一个以道为最崇高的概念与最基本的原动力的中坚思想。这个中坚思想是儒、道、墨兼而有之的,尽管他们对道的理解存在着很大的分歧,各道其所道,

---

① 参阅金岳霖《论道》第一五——一七页。

因而此道非彼道，但都普遍地致力于追求行道、修道、得道，以道为最终的目标。如果分开来说，道无量，有关于自然层面的天道、地道，也有关于社会人事层面的人道，如果合起来说，则道为一，即把天、地、人三才之道囊括而为一个统一的整体。这个道一之一，其准确的含义就是"天地与我并生，万物与我为一"之一，是把作为主体的整个的人包容其中的，因而金岳霖先生称之为元学的题材，使之与知识论严格地区别开来。知识论虽然同样是以宇宙整体作为思考的对象，但是这种思考是站在知识的对象之外，撇开了整个的人，采取了主客对立、天人分离的形式进行的，是一种纯粹理智的冷静的思考。至于对道的思考则不仅求理智的了解，而且求情感的满足。就这种思考是以外在的宇宙整体为对象求理智的了解而言，其中必然蕴含着一种思想精髓，一种核心观念，一种对宇宙整体的全面的深刻的把握。就这种思考同时为了求情感的满足而言，其中也必然贯注了思考主体的内在的价值理想，否则就不能动我的心，怡我的情，养我的性。由于这种思考的最终目标是追求行道、修道、得道，即不仅通过个人的践履把自己由特殊性提升到道的普遍性的层次，使自己的全身心渗透着一种深沉的宇宙意识，而且把自己对道的理解推行于天下，使之成就一番事业。所以总起来说，这种

三、《周易》的思想精髓与价值理想
——一个儒道互补的新型的世界观

思考完全打破了天与人、主与客、知与行的界限，也完全打破了特殊与普遍、内在与外在、个体与全体的界限，它既是整个的人把握世界的方式，也是整个的人在世界之中的唯一的生存方式，本体论、知识论、行为论混然不分，思想精髓与价值理想合而为一。这种以道为最崇高的概念与最基本的原动力的中坚思想是在先秦儒、道、墨各家共同努力之下形成的，如果不把这种中坚思想提到世界文化史的高度进行宏观考察，就无从理解中国文化的根本精神及其薪火相传的强大的生命力，也无从理解中国文化区别于印度文化与希腊文化的本质所在。

体现在《易传》之中的《易》道当然也是以道作为自己的中坚思想，但是由于它形成于学术大融合业已蔚然成风的战国末年，而且自觉地超越学派成见，根据殊途同归、一致百虑的包容原则对儒、道、墨各家的文化创造进行综合总结，所以它所表述的中坚思想与其他各家相比具有更大的普遍性，更能全面地代表中国文化的根本精神。汉代以后，人们一直遵循着《易传》的思路，以传解经，牵经合传，对《周易》进行再解释，这种表面上看来似乎不足为训的研究方法，实际上是在新的历史条件下继承和发扬了中国文化的中坚思想，反映了古人关于研究《周易》的共识。在古人的心目中，从来没有人把《周易》看成一堆上古的史料，也从来没有人抱着纯粹理智的冷静的态度，像研究古董似的"折戟沉沙铁未销，自将磨洗认前朝"，去恢复历史的真相，而是把它看成一种富有活力的精神资源，一种神圣权威的思想原则。人们之所以对它产生莫大的兴趣，孜孜不倦地去研究，是因为他们切身地感到，这部古代的典籍与自己有着一种内在的超时代的精神联系，唯有把自己作为整个的人完全置身于其中，带着浓厚的感情色彩，沉潜玩味，把它的精神资源和思想原则化为己有，才能把自己的把握世界的方式提到《易》道的高度，为自己确立一种合理的生存方式。正是由于古人对《周易》具有这种共识，所以由《易传》所开创的易学传统才得以绵延不绝，久而弥新，而中国文化的中坚思想也在历代易学家的共同努力之下发展为一道生命洋溢、奔腾向前的洪流，在世界文化体系中占据了不可动摇的地位。

从这个角度来看，古人的那种研究方法是未可厚非的。如果反其道而行之，以经观经，以传观传，致力于从事疑古辨伪的工作，把《周易》改变成历史考据学或文字训诂学的研究对象，那么体现在《周易》之中的文化意义和中坚思想便完全失落了。我们现代人当然不会同意古人的那种"四圣一揆"的说法，文化发展的层次历然的阶段性是必须弄清的，

三、《周易》的思想精髓与价值理想
——一个儒道互补的新型的世界观

而且我们生活在中西文化冲撞和融合的时代,也不可能像古人那样,把《周易》奉为唯一的神圣权威,用来对我们所面临的挑战作出有效的回应。但是,贯穿于其中的那种代表中国文化根本精神的思想精髓与价值理想仍然是值得我们珍视的,古人的那种不以理智而以整个的人为裁判者的沉潜玩味的研究方法仍然是值得我们继承的。由于蕴含于《周易》之中的《易》道本来不属于知识论的题材,而是元学的题材,所以我们不应该用研究知识论的方法,以纯粹理智的冷静态度来研究它,而应该像古人那样当作一个精神上的追求,把研究《周易》当作一件继承和发扬中国文化根本精神的大事。

关于《易》道的特征,在《易传》中有一系列经典的论述。古代的易学家往往是结合自己的切身体会对这些论述进行逐字逐句的训释,创立新解,通过这种经学的方式来发掘其中的意蕴,汲取精神的营养,推动易学的发展。我们曾从古人的一些有代表性的看法中归纳出三个方面的内容:第一是思维模式,第二是价值理想,第三是实用性的操作。这是个三位一体的完整的结构。实际上,在西周的天命神学以及儒、道、墨各家的思想体系中,也全都包含着这三个方面的内容,从世界史的宏观角度来看,可以说是中国思想不同于印度思想与希腊思想的共同的特征,而不仅仅是《易》道的特征。《庄子·天下篇》描述了中国思想的这种共同的特征：

　　古之所谓道术者，果恶乎在？曰：无乎不在。曰：神何由降？明何由出？圣有所生，王有所成，皆原于一。
　　古之人其备乎！配神明，醇天地，育万物，和天下，泽及百姓，明于本数，系于末度，六通四辟，小大精粗，其运无乎不在。

这就是说，中国思想的最古老的源头，其外延"无乎不在"，是一种囊括天人的十分宏阔的整体之学；其内涵则收缩而为一，这个一，即道一之一，天人合一之一。因而这种天人整体之学一方面"明于本数"，同时也"系于末度"，前者称之为"道"，后者称之为"术"，合称"道术"。所谓"明于本数"，是说对天人整体有一个根本的理解，并且从中抽绎出一个统一的原理，一个核心的观念。由于这个统一的原理或核心的观念是统贯天人的，与人性的本质有着内在的联结，所以"本数"也就很自然地包含着思想精髓与价值理想两个层面。所谓"系于末度"，是指实用性的操作层面而言的，即把对天人整体的根本理解用于"育万物，和天下，泽及百姓"，处理各种各样具体实际的问题，参与运化而无所不在。《庄

三、《周易》的思想精髓与价值理想
—— 一个儒道互补的新型的世界观

子·天下篇》认为,诸子百家的思想都是继承这个最古老的源头即"古之道术"发展而来的,但只是各执一端,而没有窥见"道术"之全体。按照这个说法,中国思想的共同的特征就是这种天人整体之学,各家普遍致力于追求"明于本数"与"系于末度"的有机结合,来建立一个天人合一的思想体系。但是,由于各家对天人合一有不同的理解,对天人关系的处理有不同的倾向,所以尽管他们的思想都属于天人整体之学的范畴,其互不相同的理论形态与学派特征仍然清晰可辨。先秦时期,中国思想经历了一个由合到分又由分到合的曲折的过程。如果我们联系中国思想的这个总的发展线索及其共同的特征,对儒、道、墨三家和《易传》的思想作一番比较分析,也许会对《易》道的特征把握得更为具体,理解得更为全面。

就基本思路而言,这种天人整体之学一方面援引天道来论证人道,另一方面又按照人道来塑造天道,实际上是一种循环论证。照古人看来,这种循环论证是合情合理的。因为他们对天道的研究,目的并不在于建立一种以天道为对象的纯粹的自然哲学,而是为人道寻找合理性的根据,所以往往按照人道来塑造天道,极力使天道符合人道的理想;但是另一方面,为了证明人道的理想不是主观臆想,而是符合天道的自然法则,所以往往援引天道来论证人道,极力使人道具有如同天道那样的客观确实性的根据。因此,这种天人整体之学所论述的天道往往包含着人道的内容,其所论述的人道也往往包含着天道的内容,天与人的界限是很难划分的。古人把这种循环论证的思路叫做"天人合一",意思是通过"以人合天"与"以天合人"的两个过程的不断的循环往复来把握天人整体。这种天人合一的思路是由西周天命神学首先确定下来的,后来为儒、道、墨各家普遍继承。但是,各家在建立自己的思想体系时,往往割断了这种思路的循环往复而偏于一端,有的偏重于以人合天,有的偏重于以天合人。大致说来,道家的思想属于偏重于以人合天的类型,虽然他们也研究人道,但是重点却是研究天道,极力使关于人道的主观理想符合天道自然无为的客观规律。儒、墨两家的思想恰恰相反,偏重于以天合人,他们主要关心的是社会政治伦理问题,往往是根据关于人道的主观理想去塑造天道,反过来又用这个被塑造了的天道来为关于人道的主观理想作论证。因而这三家的思想各有所蔽。荀子站在儒家的立场批评道家,认为"庄子蔽于天而不知人"[①]。如果我们站在道家的立场,

---

① 《荀子·解蔽》。

三、《周易》的思想精髓与价值理想
——一个儒道互补的新型的世界观

也可以批评儒、墨两家是蔽于人而不知天。

以墨家的思想为例，他们对人道的理想主要是兼相爱、交相利。为了给这种理想作论证，他们塑造了一个能赏善罚恶的有意志的天神，认为天志是喜好兼相爱、交相利而憎恶别相恶、交相贼的。这是一种典型的以天合人的思路。其所谓天志，不过是一种主观的投影、宗教的信念，缺乏任何客观确实性的根据，在传统的天命神学业已解体的历史条件下，是不可能为这种人道的理想作出令人信服的论证的。

儒家的思想与墨家同样偏重于人道，他们也是按照以天合人的思路来塑造天道的。比如孔子保留了天的有意志的属性而使之伦理化，反过来用这个天来为自己的伦理思想作论证。孟子强调由尽心知性以知天，其所谓天并不是指称客观的自然之天，而仅仅是人性本质的外化。孟子曾说："诚者，天之道也。思诚者，人之道也。"[①] 为什么"诚"这个伦理范畴能成为天道的本质，其客观确实性的根据究竟何在，孟子并没有作出令人信服的论证。因此，用天人整体之学的标准来衡量，儒、墨两家的思想都是蔽于人而不知天，在天道观方面有着明显的缺陷，不是十分完整的。

---

① 《孟子·离娄上》。

道家的思想主张因任自然，认为人道应当效法天道的自然无为的法则。人们通常把这种思想归结为自然主义，其实并不准确，因为道家的思想和儒、墨两家一样，也是围绕着天人关系这根主轴而展开的，同属于天人整体之学的范畴，其区别之点关键在于道家所遵循的思路偏重于以人合天。比如老子说："天地不仁，以万物为刍狗；圣人不仁，以百姓为刍狗。"① 庄子说："畸人者，畸于人而侔于天。"② "忘己之人，是之谓入于天。"③ 由于道家的这种独特的思路，所以尽管他们对天道作了大量的研究，提供了一系列具有客观确实性的见解，但在人道观方面却表现出明显的缺陷，蔽于天而不知人，不是一种完整的天人整体之学。

《易传》的思想是战国末年学术大融合的产物。就其天道观而言，显然是接受了道家的思想，但却避免了道家的那种蔽于天而不知人的缺陷，而与人道的主观理想紧密结合起来。就其人道观而言，显然是接受了儒家的思想，但却避免了儒家的那种蔽于人而不知天的缺陷，而使之建立在对天道的客观理解的基础之上。因而与其他各家相比，《易传》在

---

① 《老子》五章。
② 《庄子·大宗师》。
③ 《庄子·天地》。

三、《周易》的思想精髓与价值理想
——一个儒道互补的新型的世界观

处理天人关系问题上，没有割断"以天合人"与"以人合天"的循环往复的过程而陷于一偏，更为彻底地贯彻了天人合一的思路，更为全面地体现了中国思想的共同的特征。

我们可以设想，如果按照道家的那种以人合天的思路继续向前发展，是可以逐渐排除对人道的关怀而转向对天道的客观理智的研究，从而形成一种类似于西方的科学传统。如果按照儒、墨的那种以天合人的思路继续向前发展，也是可以逐渐减少对天道的兴趣而集中研究人道的问题，从而把社会政治伦理思想从天道观中分离出来，使之形成为独立的人文学科。但是，就中国思想的总的发展线索而言，这两种倾向都受到了抑制，天与人的关系始终是纠缠扭结在一起，难舍难分。其所以如此，固然是为天人合一的共同的思路所决定，但是根本原因却在于中国各家思想都以天人合一的整体作为共同的研究对象。《庄子·大宗师》指出："庸讵知吾所谓天之非人乎？所谓人之非天乎？""故其好之也一，其弗好之也一。其一也一，其不一也一。"这就是说：由于天人本来结为一体，所以不管研究者的主观喜好以及所遵循的思路如何，其所谓天必然包含人的内容，其所谓人也必然包含天的内容，天人合一的关系是根本无法强行分开的。

虽然如此，天与人在中国思想中仍然是可以分开来说的。

天指称自然，人指称社会。就整体而言，二者固然是合而为一，但就部分而言，却是分属于两个不同的领域。《老子》二十五章："故道大，天大，地大，王亦大。域中有四大，而王居其一焉。"《系辞下》："《易》之为书也，广大悉备，有天道焉，有人道焉，有地道焉。"正是因为中国思想的这种共同的研究对象既可以合起来说，也可以分开来说，所以由此而形成的中国的中坚思想与印度、希腊的中坚思想相比，也就有了很大的不同。金岳霖先生曾根据情感与理智方面的不同的感受进行了宏观的比较。他指出，印度思想中的"如如"最本然，最没有天人的界限。我们既可以随所之而无不如如，在情感方面当然最舒服。中国思想中的"道"似乎不同，它有由是而之焉的情形。有"是"有"由"就不十分如如。可是"道"不必太直，不必太窄，它的界限不必十分分明，在它那里徘徊，还是可以怡然自得。希腊的 Logos 似乎非常之尊严；或者因为它尊严，我们愈觉得它的温度有点使我们在知识方面紧张；我们在这一方面紧张，在情感方面难免有点不舒服。[①]

照金岳霖先生看来，中国的"道"既不像印度的"如如"那样最没有天人的界限，在情感方面最舒服，也不像希腊的"逻

---

① 参阅金岳霖《论道》第一九页。

三、《周易》的思想精髓与价值理想
——一个儒道互补的新型的世界观

各斯"那样高据于人之上，使我们在知识方面紧张，而是介乎二者之间，在理智与情感方面取其中道。中国的"道"有由是而之焉的情形。所谓"是"，是指多少带一带冷性的自然律。为了求得这种自然律，必须以冷静理智的态度对外在于人的整体作一番客观的研究。所谓"由"，是指把这种自然律与整个的人的生存方式联系起来，用以安身立命，作为行道、修道、得道的最高依据，在情感方面多少感到一点自在。因此，中国思想对由是而之焉的"道"的追求，使理智与情感两方面都受到了抑制。如果说道家的以人合天的思路偏重于研究冷性的自然律，但一当落实到人，就有一个升温的过程，不致于冷到像希腊的"逻各斯"那样，变成一个纯粹的知识论的对象。如果说儒家的以天合人的思路偏重于阐发渗透着热烈情感的人文理想，但一当去寻求这种思想的客观依据时，就有了一个降温的过程，不致于热到像印度的"如如"那样，完全抹杀天人界限，随所之而无不如如。从这个角度来看，中国思想在世界文化体系中走的是一条中间的道路，它的自然主义的倾向总是受到人文主义的抑制，它的人文主义的倾向也总是受到自然主义的抑制。它所追求的最高境界是自然主义与人文主义的内在的联结，合天人，通物我，只有达到了这个境界，才能较为全面地把握那个由天人所共同构成的整体，对由是而之焉的"道"有所言说。中国思想与印度、希腊思想的这种区别是具有本体论意义的。由于这种区别，所以中国思想在理智与情感方面产生了一种相互制约的作用，使得道家的思想没有发展成为一种纯粹的自然主义，儒家的思想没有发展成为一种纯粹的人文主义，虽然两家不免各有所偏，但也不会偏得过远，都没有摆脱天人关系这根主轴。就总的发展趋势而言，儒家往往要从道家那里汲取自然主义的营养来补充自己，道家也往往要从儒家那里汲取人文主义的营养来补充自己，从而在中国思想中逐渐形成了一种儒道互补的基本格局。这种儒道互补也许就是中国思想发展的普遍的规律或必然的归宿，因为只有把儒、道两家各有所偏的倾向结合起来，相互补充，才能使天人合一的思路得以全面地贯彻，通过以人合天与以天合人的不断地循环往复来把握那个天人整体。

早在先秦时期，这种儒、道互补的基本格局就已经开始形成了。《易传》的思想体系就是一个显明的例证。人们常说《易》、《老》互通，这就是承认《易传》与道家的思想有着内在的联结，二者的核心观念是可以互通的。但是另一方面，人们也常把《易传》说成孔子所作，或者儒家后学的作品。这种说法虽然查无实据，却也事出有因。因为就其关

三、《周易》的思想精髓与价值理想
——一个儒道互补的新型的世界观

于社会政治伦理的价值理想而言，《易传》与儒家的密切关系确实是不容否认的。实际上，在《易传》的思想体系中，儒、道两家思想的成分都兼而有之。如果我们从以儒补道的角度来看，把《易传》的学派属性归结为道家，固然是持之有故；但是反过来，如果从以道补儒的角度来看，把它归结为儒家，也未尝不是言之成理。庄子曾说："以道观之，物无贵贱；以物观之，自贵而相贱。"① 我们今天研究《易传》，没有必要再重复由历史所造成的种种"以物观之"的学派成见了，而应该学习庄子的那种"以道观之"的超越态度，站在中国文化根本精神的宏观的角度，把它看作是儒、道两家思想不分轩轾的互补，是先秦思想发展的必然的归宿，它非道非儒，亦道亦儒，是一种自然主义与人文主义有机结合的新型的世界观。如果我们从这个角度来看，或许可以排除一些外在的干扰，对蕴含于《易传》深层结构之中的思想精髓与价值理想能有一番更为亲切的体会。

《易传》的思想体系完全是围绕着"一阴一阳之谓道"这个命题而展开的。这是一个合天人、通物我的命题，是自然主义与人文主义的有机的结合，《易传》的思想精髓与价

---

① 《庄子·秋水》。

值理想集中体现在这个命题之中。《系辞上》第五章：

　　一阴一阳之谓道，继之者善也，成之者性也。仁者见之谓之仁，知者见之谓之知，百姓日用而不知，故君子之道鲜矣。显诸仁，藏诸用，鼓万物而不与圣人同忧。盛德大业至矣哉！富有之谓大业，日新之谓盛德。生生之谓易，成象之谓乾，效法之谓坤，极数知来之谓占，通变之谓事，阴阳不测之谓神。

仔细体会《易传》的这一段论述，我们可以看出《易》道与儒、道两家思想的一系列同中之异及异中之同的复杂微妙的关系。

　　第一，儒家的孔孟对人性作了大量的研究，并把人性的本质归结为天命，但却没有认识到天实际上是一个受一阴一阳的规律所支配的自然运行的过程，所以在孔孟的思想中，找不到丝毫阴阳学说的痕迹。道家的老庄把阴阳提升为一对重要的哲学范畴，但只是用来论述天道而未涉及人道，没有把阴阳和人性的本质联系起来。《易传》认为，"一阴一阳之谓道，继之者善也，成之者性也"，用阴阳范畴来贯通天人，并且依据这对范畴建成了一个天人合一的完整的体系。这在先秦思想史上，可以说是独树一帜，既不同于儒家，也不同于道家的。但是，这个命题显然是对儒、道两家的综合总结，也可以说是既有儒家的影响，也有道家的影响。老子曾说："万

三、《周易》的思想精髓与价值理想
——一个儒道互补的新型的世界观

物负阴而抱阳,冲气以为和。"① 这个思想与《易传》的"一阴一阳之谓道"是完全相通的。如果把这个思想进一步与人性的本质联系起来,就可以得出"继之者善也,成之者性也"的结论了。孔子在探索人性本质的最高依据时经常追溯到天,他曾说:"天何言哉?四时行焉,百物生焉。"② 如果孔子再进一步探索支配这个自然运行的内部规律,也是可以得出"一阴一阳之谓道"的结论的。由此看来,只要全面地贯彻天人合一的思路,把以人合天与以天合人这两个过程结合在一起,就必然呈现出一种儒、道互补的发展趋势。《易传》的思想就是这种发展趋势的必然的归宿,所以它非道非儒,亦道亦儒,如果勉强把它归结为某一家,就不是它的本来面目了。

第二,《易传》通过"一阴一阳之谓道"这个命题展开了一个"生生之谓易"的整体观,这是一个天人合一的整体观,自然主义与人文主义相结合的整体观。照《易传》看来,这个整体阴阳推移,变化日新,化育万物,生生不已,但又无思虑,无作为,无好恶,"鼓万物而不与圣人同忧"。就这个整体不与圣人同忧而言,显然是接受了道家的影响,带有

---

① 《老子》四十二章。
② 《论语·阳货》。

自然主义的色彩。老子曾说:"故道生之,德畜之,长之育之,亭之毒之,养之覆之,生而不有,为而不恃,长而不宰,是谓玄德。"① 但是另一方面,由于这个整体是把人包容其中的,与人的生存方式息息相关,因而从人的观点来看,其生生不已可谓之"盛德",其化育万物可谓之"大业","显诸仁,藏诸用",又与老子所说的那种"天地不仁"的冷性的自然主义不相同,而具有较为浓郁的人文主义的色彩。这显然是接受了儒家的影响,把客观外在的自然伦理化了。

第三,《易传》认为,"一阴一阳之谓道"与人的认识论的关系是一个主客契合的过程。所谓"仁者见之谓之仁,知者见之谓之知,百姓日用而不知",是说道统天、地、人物,是一个既仁且智的全体,人以这个全体作为客观外在的认识对象。由于各人的禀赋有偏厚,志趣有歧异,只能认识全体的某一个局部,甚至茫然不知。虽然如此,道之全体流行于百姓日用之间,无论人们认识与否,始终是客观存在的,这也是衡量人的认识是否全面的一个客观的标准。为了使自己的认识能与道之全体契合无间,必须一方面以圣人为榜样,对天地之道作一番冷静理智的仰观俯察;另一方面,还必须

---

① 《老子》五十一章。

三、《周易》的思想精髓与价值理想
——一个儒道互补的新型的世界观

在提高主体的认识能力上下功夫，不断充实发挥自己所禀赋的善性，把自己的志趣扩展到与道相契合的全面性的程度。可以看出，《易传》的这种认识论既不同于儒家，也不同于道家，实际上是对儒、道两家思想的综合总结。严格说来，按照儒家的那种以天合人的思路，是很难发展出一套真正的认识论的思想来的。孟子认为"万物皆备于我"，把客观外在的认识对象完全纳入主观之中，因而所谓认识仅仅是一种主观内省的活动。他所主张的由尽心以知性，由知性以知天，就是从这种思想出发的。道家与儒家恰恰相反，主张人法地，地法天，天法道，道法自然，完全排除人的主观的志趣、期望和理想，以客观外在的自然为法。这是一种把主观完全纳入客观之中的思想，虽然可以使人的认识具有较多的客观确实性的根据，但却过分地强调了理智的了解，而忽视了情感的满足。《易传》的认识论的思想似乎是力求在儒、道两家之间取其中道。就其天道观而言，它否定了孟子的"诚者天之道也"的说法，从道家的自然主义那里汲取了营养，提出了"一阴一阳之谓道"的命题。这个道是客观外在的，与孟子的那种主观投影的天道有着根本性的区别。但是，就其人道观而言，它又否定了道家的那种忘己、无情的说法，而接受了孟子的"思诚者人之道也"的思想。因为客观外在的道与人性的本质有着内在的联结,"继之者善也",所谓"继"就是天人接续之际,人所禀赋的善性本身就是从天道而来的。因此,一个完整的认识过程既不能像儒家那样把客观完全纳入主观之中,也不能像道家那样把主观完全纳入客观之中,而应该是主与客的契合,内与外的沟通。《易传》的这种认识论的主张照顾了理智的了解与情感的满足两个方面,其实就是以人合天与以天合人两个过程的结合,自然主义与人文主义的结合,是取儒、道之所长而去其所短的一种儒道互补的思想。

《易传》的这种儒道互补的思想,就其研究的对象与追求的目标而言,不仅与儒、道两家相通,而且与其他各家也是相通的。先秦时期,包括儒、道、墨在内的各家都以天人整体作为共同的研究对象,都力求用自己的体系来把握这个天人整体的根本原理,作为行道、修道、得道的最高依据。《系辞下》指出:"天下同归而殊途,一致而百虑。"这就是说,由于各家的研究对象是共同的,所以虽"百虑"而"一致",由于各家的追求目标是相通的,所以虽"殊途"而"同归"。《易传》对先秦各家思想的这个总的看法,代表了中国文化的根本精神,体现了中国思想的共同特征,可以说是一种远见卓识,比与它同时进行综合总结工作的荀子和《吕氏春秋》

三、《周易》的思想精髓与价值理想
——一个儒道互补的新型的世界观

要高出一筹。荀子站在儒家的立场，学派成见过于强烈，尽管他明显地接受了道家的自然主义的思想，提出了"天行有常，不为尧存，不为桀亡"的命题，把天看作是自然之天，但又认为，"唯圣人为不求知天"①，用儒家的人文主义来排斥道家的自然主义。虽然如此，当荀子探索礼之所本时，又援引道家的自然主义作论证，认为礼有三本："天地者，生之本也；先祖者，类之本也；君师者，治之本也。"②这就使得荀子的天人之学不能自圆其说，陷入了自相矛盾的困境。《吕氏春秋》不固守某一学派的门户之见，在这一点上与《易传》是相同的，但它对各家学说的兼收并蓄，却没有形成一个完整的体系，特别是没有形成自然主义与人文主义的有机的结合，提炼为类似于《易》道的那种《吕氏春秋》之道，所以历来被人们视为杂家。《易传》的综合总结之所以高出这两家，是因为它所提炼而成的"一阴一阳之谓道"，这个命题紧紧抓住了天人关系，把各家探索这个问题所呈现的自然主义的倾向与人文主义的倾向结合在一起，对天人整体的外延与内涵作了完整的表述。

---

① 《荀子·天论》。
② 《荀子·礼论》。

"一阴一阳之谓道",这个道是可以合起来说也可以分开来说的。如果分开来说,有天道、地道、人道。专就天道、地道而言,研究的对象是人的生存的环境,客观外在的自然。由于中国古代社会建立在农业经济的基础之上,对自然环境有着强烈的依赖,所以不论具有何种倾向的学派都十分关注自然的和谐。因为只有自然处于和谐的状态,才能有一个适合于人的生存环境,才能为社会政治伦理的各种操作提供必要的条件。从这个角度来看,对天道、地道的研究,实质上就是一个如何理解和论证自然的和谐的问题。比较起来,这种研究以具有自然主义倾向的道家占有绝对的优势。道家把天地之道看作是由阴、阳两大势力相反相成的作用所构成的和谐。比如老子所说的"万物负阴而抱阳,冲气以为和",强调的是一个和字。道家的这种自然和谐的思想是颇具说服力的,对各家都产生了影响。《说卦》所说的"立天之道曰阴与阳,立地之道曰柔与刚",显然是继承了道家的这种自然和谐的思想发展而来。再就人道而言,研究的对象是社会人际关系。先秦时期,天下大乱,礼坏乐崩,社会人际关系受到了严重破坏,面临着一个如何重新整合使之归于和谐的问题。各家都提出了自己的整合方案,墨家的方案是兼爱尚同,道家的方案是无为而治,儒家的方案是礼乐仁义,方案

三、《周易》的思想精髓与价值理想
——一个儒道互补的新型的世界观

虽互不相同,整合的目的却是一致,都是围绕着社会和谐问题所进行的探索。《说卦》所说的"立人之道曰仁与义",显然是选择了儒家的整合方案,继承了儒家的社会和谐的思想。因此,《易传》的天、地、人三才之道包括了自然和谐与社会和谐两个方面。如果合起来说,"一阴一阳之谓道"这个命题所表述的就是天与人的整体和谐,自然与社会的整体和谐。《易传》的这种整体和谐的思想是以天人关系为主轴从两方面来展开的:一方面是通过人道来看天道,把天道看作一个客观外在而又与人的生存息息相关的自然运行的过程,其中贯穿着一条自然和谐规律;另一方面是参照天道来看人道,强调人应效法天地,根据对客观外在的自然和谐规律的准确理解,来谋划一种和谐自由舒畅的社会发展的前景,使得社会领域的人际关系能够像天地万物那样调适畅达,各得其所。可以看出,这就是中国思想所普遍追求的那种由是而之焉的道,既有理智的了解,也有情感的满足,思想精髓与价值理想、自然主义与人文主义是紧密结合、融为一体的。

《易传》对卦辞"元亨利贞"的解释,也集中体现了这种天与人、自然与社会的整体和谐的思想。如果说"一阴一阳之谓道"这个命题是侧重于表述天人整体的内在的运行规律,那么"元亨利贞"则是侧重于表述天人整体的外在的生生不已、变化日新的总体特征。《易传》在解释乾卦卦辞"元亨利贞"时指出：

> 大哉乾元，万物资始，乃统天。云行雨施，品物流行，大明终始，六位时成，时乘六龙以御天。乾道变化，各正性命，保合太和，乃利贞。首出庶物，万国咸宁。[①]
>
> 元者善之长也，亨者嘉之会也，利者义之和也，贞者事之干也。君子体仁足以长人，嘉会足以合礼，利物足以和义，贞固足以干事，君子行此四德者，故曰乾元亨利贞。[②]

《易传》在解释坤卦卦辞"元亨利牝马之贞"时说：

> 至哉坤元，万物资生，乃顺承天。坤厚载物，德合无疆，含弘光大，品物咸亨。牝马地类，行地无疆，柔顺利贞，君子攸行。[③]

仔细体会这几段解释，可以看出，其中也是贯穿了一条

[①]《乾卦·彖传》。
[②]《乾卦·文言》。
[③]《坤卦·彖传》。

三、《周易》的思想精髓与价值理想
——一个儒道互补的新型的世界观

天人合一的思路。一方面是通过人道来看天道，另一方面又参照天道来看人道，既论述了自然的和谐，又论述了社会的和谐。就自然的和谐而言，元者万物之始，亨者万物之长，利者万物之遂，贞者万物之成。"元"相当于春时万物之发生，"亨"相当于夏时万物之长养，"利"相当于秋时万物之成熟，"贞"相当于冬时万物之收藏，因而元、亨、利、贞不仅表现了自然界万物生成的全过程，而且通过贞下起元的周而复始的运动，表现了自然界的蓬勃的生机。支配这种运动过程的内部机制是阴与阳的协调配合，和谐统一。独阳不生，独阴不生，阴阳必相互交合而始生。乾为纯阳，坤为纯阴，故乾元"万物资始"，坤元"万物资生"。万物生长有赖于阴阳之交合，故乾之亨为"品物流行"，坤之亨为"品物咸亨"。阴阳交合而达到如同老子所说的"冲气以为和"的境地，则万物成形，各得其性命之正，这就是"利贞"。如果万物长久保持自己的性命之正，使之调适畅达，融洽无偏，这就是"太和"了。"太和"是一种最高的和谐，是阴、阳两种相反相成势力的最完美的结合。照《易传》看来，这种自然的和谐既无神灵的主宰，也不需要人为的干预，它按照"元亨利贞"的自然的程序运行，"鼓万物而不与圣人同忧"。但是，由于人道必须效法天道，天道的自然和谐是人道的社会和谐的最高依据和效法的榜样，所以"元亨利贞"也给人们启示了四种行为的美德：元给人启示仁，亨给人启示礼，利给人启示义，贞给人启示智。君子效法天道而行此四德，"足以长人"，"足以合礼"，"足以和义"，"足以干事"，这就可以进一步去参与天地的化育，谋求社会的和谐，做到"首出庶物，万国咸宁"了。

就"元亨利贞"所表述的自然的和谐而言，是与道家的思想相通的，清代易学家惠栋在《易例》中曾对此作了很好的论证。《庄子·田子方》说："至阴肃肃，至阳赫赫。肃肃出乎天，赫赫发乎地，两者交通成和而物生焉。或为之纪，而莫见其形。"惠栋解释说：

> 至阴，坤也。至阳，乾也。肃肃出乎天，坤之乾也。赫赫发乎地，乾通坤也。至阴至阳，乾坤合于一，元也。两者交通，亨也。成和而物生，利也。六爻得正，贞也。元亨利贞，既济定也。或为之纪而莫见其形，易也。故曰：易无体。

惠栋在《易例》中还指出，"元亨利贞，乃二篇之纲领"。"元亨利贞，皆言既济。卦具四德者七，乾、坤、屯、随、临、无妄、革，皆言既济。"这就是说，既济卦的象数结构，最为完美地体

三、《周易》的思想精髓与价值理想
——一个儒道互补的新型的世界观

现了"元亨利贞"的义理，表述了自然和谐的思想。既济卦䷾坎上离下，是由乾坤两卦升降交合变化而成的。坤五降居乾二而成离，乾二升居坤五而成坎。坤之乾相当于庄子所说的"肃肃出乎天"，乾通坤则相当于庄子所说的"赫赫发乎地"。天地交通，乾坤合一，这就是元、亨。卦中六爻的配置，初与四、二与五、三与上，阴阳相应，协调配合，成和而物生，这就是利。阳居阳位，阴居阴位，六爻得正，这就是贞。《杂卦》说："既济，定也"。定就是稳定，唯有和谐才能稳定。既济卦的象数结构之所以稳定，就是因为乾坤两卦按照元亨利贞的程序升降交合而形成了高度的和谐统一，所以惠栋认为，"元亨利贞，既济定也"。

但是，《易传》的自然和谐的思想毕竟与道家大不相同。道家偏重于站在自然本身的角度来看自然，力求用一种冷静理智的态度对自然进行客观的观察，因而他们的思想多少带一点冷性，虽然把自然看作是一个和谐的统一体，但是，"天地不仁"，其本身并不蕴含任何与人的价值理想相关的伦理意义。《易传》与道家不同，它力求把自然主义与人文主义结合在一起，既要观乎天文，也要观乎人文，随时随地从自然的和谐中来探寻其所蕴含的伦理意义，谋划社会的和谐。《贲卦·彖传》说："贲亨，柔来而文刚，故亨。分刚上而文柔，故小利有攸往，天文也。文明以止，人文也。观乎天文以察时变，观乎人文以化成天下。"《易传》的这个思想显然是用儒家的人文主义补充了道家的自然主义，反过来说也一样，用道家的自然主义补充了儒家的人文主义，是一种儒道互补的思想。

另一方面，《易传》的社会和谐的思想虽然继承了儒家，但也不尽同于儒家。照《易传》看来，为了谋划社会的和谐，必须效法天道，顺应物理之固然，尊重客观规律性，而不能像儒家那样，"知其不可而为之"，片面地强调发挥主观能动性。因此，《易传》从不就人事而论人事，往往是推天道以明人事，力求把人的行为准则建立在对天道的客观理解的基础之上。《易传》的这个思想实际上是把人文价值理想提高到深沉的宇宙意识的层次，援引道家的自然主义对儒家的人文主义进行了一次理论上的升华。如果我们把《易传》的这个思想和儒家的典型代表人物孔子、孟子的思想作一番比较，是可以明显地感觉到这种深沉的宇宙意识的。比如：

> 天地交，泰。后以财成天地之道，辅相天地之宜，以左右民。①

---

① 《泰卦·象传》。

三、《周易》的思想精髓与价值理想
——一个儒道互补的新型的世界观

豫，顺以动，故天地如之，而况建侯行师乎！天地以顺动，故日月不过而四时不忒。圣人以顺动，则刑罚清而民服。豫之时义大矣哉。①

天地养万物，圣人养贤以及万民。颐之时大矣哉。②

天地感而万物化生，圣人感人心而天下和平。观其所感，而天地万物之情可见矣。③

恒，久而不已也。利有攸往，终则有始也。日月得天而能久照，四时变化而能久成，圣人久于其道而天下化成。观其所恒，而天地万物之情可见矣。④

天地睽而其事同也，男女睽而其志通也，万物睽而其事类也，睽之时用大矣哉。⑤

天地革而四时成，汤武革命，顺乎天而应乎人，革之时大矣哉。⑥

归妹，天地之大义也。天地不交而万物不兴，归妹，人

---

① 《豫卦·彖传》。
② 《颐卦·彖传》。
③ 《咸卦·彖传》。
④ 《恒卦·彖传》。
⑤ 《睽卦·彖传》。
⑥ 《革卦·彖传》。

之终始也。①

日中则昃，月盈则食，天地盈虚，与时消息，而况于人乎，况于鬼神乎。②

天地节而四时成，节以制度，不伤财，不害民。③

我们曾经指出，先秦时期，中国思想经历了一个由合到分又由分到合的曲折的过程。所谓由合到分，是说诸子蜂起，百家争鸣，学术由原始的统一而走向分裂。《庄子·天下篇》对这个阶段的思想作了总的评价："判天地之美，析万物之理，察古人之全，寡能备于天地之美，称神明之容。是故内圣外王之道，暗而不明，郁而不发，天下之人各为其所欲焉以自为方。"这是一个不带学派成见的客观的评价，对儒、道、墨各家都是适用的。虽然如此，各家都以天人整体之学作为共同的研究对象，都能窥见"古之道术"的某一个局部，因而他们的文化创造也都有值得肯定之处，只是由于各执一端，往而不返，缺乏一个全面的观点，这才造成学术的分裂。究竟怎样才能把各家的文化创造综合总结在一起，建立一个

---

① 《归妹卦·象传》。
② 《丰卦·象传》。
③ 《节卦·象传》。

三、《周易》的思想精髓与价值理想
——一个儒道互补的新型的世界观

完整的体系,使之与"古之道术"全面相符呢?当先秦思想发展到由分到合的阶段,各家都对这个问题进行了紧张的探索。有站在道家的立场吸收了儒家、法家思想的,如黄老之学;有站在儒家的立场吸收了道家、法家思想的,如荀子;有站在法家的立场吸收了道家以及法、术、势三派思想的,如韩非;有站在墨家的立场而抛弃了天志的概念,转向自然科学研究的,如后期墨家;有站在杂家的立场兼收并蓄的,如《吕氏春秋》。至于《易传》的立场,则很难归结为哪一家,它所持的那种殊途同归、一致百虑的包容原则,实际上是超越各家的,如果勉强说它有一个立场,可以认为,它是站在"古之道术"的立场、中国文化根本精神的立场对各家的文化创造进行综合总结的。按照《庄子·天下篇》所说,"古之道术"皆原于一。这个"一"就是道一之一,天人合一之一。《易传》不仅把儒、道两家的人文主义与自然主义的思想结合在一起,用"一阴一阳之谓道"这个命题概括了这个道一之一,天人合一之一,而且作为一部解经之作,接上了自伏羲以至《易经》的中国文化的古老的源头,所以它的综合总结具有更大的普遍性,其中所蕴含的思想精髓与价值理想更能代表中国文化的根本精神。自从《易传》形成以后,人们一直是经、传不分,把《周易》看成是一部完整的著作,习惯于认为"伏羲氏始画卦，而天人之理尽在其中矣"。这种看法虽然与历史的真相不符，但却把《周易》置放在一个至高无上的超越的地位，既具有神圣的权威而又能为各家所接受，儒家认为它是儒家的经典，道家也认为它是道家的经典，甚至佛教学者也为《周易》作训解，从未进行排斥。这确实是一种十分奇特的文化现象，值得我们去反复地研究。

四、《周易》在中国文化中的特殊功能
——一个立足于和谐的操作系统

《易传》反复强调,《周易》的阴阳哲学不仅是对客观世界的一种纯粹理性的认识,而且与人们的决策管理活动紧密相连,具有强烈的实践功能。《系辞》说:

夫《易》何为者也?夫《易》开物成务,冒天下之道,如斯而已者也。是故圣人以通天下之志,以定天下之业,以断天下之疑。

所谓"开物"就是开达物理,"成务"就是成就事务。由于一阴一阳之道囊括了天地万物之理,认识掌握了这个《易》道,就能启发人们的智慧,开通人们的思想。把这个《易》道用于处理实际的事务,就能通权达变,决断疑惑,进行有效的决策，采取正确的行动，做成一番事业。《系辞》进一步阐述这个思想说：

> 夫《易》，圣人之所以极深而研几也。唯深也，故能通天下之志；唯几也，故能成天下之务；唯神也，故不疾而速，不行而至。

所谓"神"，即"阴阳不测之谓神"的意思，指阴阳变化神妙不测的客观规律。"几"即阴阳变化的苗头，吉凶祸福的先兆。《易传》认为，《周易》这部书，其根本之点在于"极深而研几"，教人深刻地掌握阴阳变化的客观规律，用来指导主体的行为，使之达到随机应变、应付自如的神化境界。由于"极深"，故能通天下之志。由于"研几"，故能成天下之务。当人们有所行动，有所作为，面对着复杂变幻的客观形势而举棋不定、犹豫不决之际，只要向《周易》请教，就能得到满意的回答。因而《周易》这部书把认识客观规律和人们对这种规律的利用两者结合起来，指导人们根据形势的变化采取正确的决策，实质上是一部"开物成务"、"极深研几"之书。由此可以看出，所谓《易》道，除了天人合一的思维模式与整体和谐的价值理想以外，还有着用于决策

四、《周易》在中国文化中的特殊功能
——一个立足于和谐的操作系统

管理的实用性的操作层面。如果我们忽视这个层面，是无从窥见一个完整的《易》道的。

从发生学的角度来看，《易》道的实用性的操作层面是直接利用了《易经》的象数和筮法发展而来的。《易经》本为卜筮之书，属于巫术文化范畴。卜筮巫术带有强烈的实用性、操作性。在人类文化发展的蒙昧阶段，人们为了实践上的需要，迫切关心自己的行动所带来的后果，于是把蓍草奉为神灵，企图通过一套操作程序，根据蓍草排列所显示的象数来预测吉凶，进行决策。因此，《易经》的象数和筮法实际上是一套巫术操作系统，其用在告人以休咎，而且着眼于实用性的功利目的，对休咎有着极为精确的计算。据高亨先生研究，《周易》一书，所用表示休咎之字凡七：曰利，曰吉，曰吝，曰厉，曰悔，曰咎，曰凶。利者，利益也；吉者，福祥也；吝者，艰难也；厉者，危险也；悔者，困厄也；咎者，灾患也；凶者，祸殃也。吉与利均表示其有好前途，好结果，属于"休"之范围，两字之含义不殊。吝、厉、悔、咎、凶均表示其有坏前途，坏结果，属于"咎"（广义）之范围，五字之含义有差异。具体说来，咎（狭义）比悔为重，比凶为轻。悔乃

较小之困厄，凶乃巨大之祸殃，咎则较轻之灾患。①《易传》作为一部解经之作，并没有否定卜筮，也没有否定象数和筮法，只是站在阴阳哲学的高度对它们进行了创造性的转化，因而巫术文化中的那种实用性的操作系统和功利性的思想倾向，是完全继承下来了。

照《易传》看来，象数作为一种表现义理的形式，不仅"广大悉备"，"弥纶天地之道"，把天下所有的道理都包括进去，而且可以根据一套操作程序推演象数来预测未来的吉凶，作出类似于巫术文化的那种精确的计算。就其前者而言是"彰往"，就其后者而言是"察来"。这种源于卜筮巫术的"彰往而察来"的功能，是为儒、道、墨、法各家所不具备而为《周易》所独有的。《周易》之所以是一部"开物成务"、"极深研几"之书，关键在于它有一套六十四卦、三百八十四爻的操作系统，可以"彰往而察来"，帮助人们进行有效的决策管理。因此，《易传》十分重视象数，对象数的这种功能极尽赞美。比如《系辞》说：

夫《易》，彰往而察来，而微显阐幽。是故蓍之德圆而神，

---

① 见高亨《周易古经今注》中之《吉吝厉悔咎凶解》。

四、《周易》在中国文化中的特殊功能
——一个立足于和谐的操作系统

卦之德方以知,六爻之义易以贡。圣人以此洗心退藏于密,吉凶与民同患。神以知来,知以藏往,其孰能与于此哉!

极数知来之谓占,通变之谓事,阴阳不测之谓神。

是以君子将为有也,将有行也,问焉而以言,其受命也如响,无有远近幽深,遂知来物。非天下之至精,其孰能与于此!参伍以变,错综其数,通其变,遂成天地之文,极其数,遂定天下之象。非天下之至变,其孰能与于此!《易》,无思也,无为也,寂然不动,感而遂通天下之故,非天下之至神,其孰能与于此。

这些夸张的辞句虽然表现了一种对象数的神秘崇拜的心理,但就其根本的思想倾向而言,却是贯穿了一种立足于阴阳哲学的《易》道精神,而不同于卜筮巫术。卜筮巫术把象数看成是体现了鬼神的意旨,《易传》则把象数解释为一套由阴阳规律所支配的符号系统,象征着天道人事的变化。这套符号系统是可以操作的,由蓍以生爻,由爻以成卦。通过"参伍以变"、"错综其数"的操作程序而形成的象数,穷尽了天下极为复杂的变化,所以称之为"天下之至变"。变中自有不变,变的是现象,不变的是规律。当阴阳规律凝结而为卦的象数结构,这就形成了卦所特有的性质与功能。"卦之德方以知",卦有定体,止而有分,它的功能在于"知以

藏往",即把以往的天道人事的变化规律藏于象数结构之中,使之定型化,给人以哲理性的启发。由于规律是变中之不变,作为一种反映事物本质联系的常道支配变化的全过程,所以"藏往"必然蕴含着"知来"。《易传》认为,"知来"是蓍所特有的功能。"蓍之德圆而神","神以知来"。圆者,唯变所适,运而不滞。神者,感而遂通,妙用不测。这种"神以知来"的功能其实就是卜筮的预测功能。但是,《易传》所说的卜筮是一种哲学化了的卜筮,和《易经》的那种只是为了窥探鬼神意旨的卜筮巫术有很大的不同。它是基于理性的思考由已知推出未知,根据对以往的阴阳规律的深刻理解来预测未来事态的发展趋向。《系辞》指出:"知变化之道者,其知神之所为乎!"这就是说,如果不深知以往的变化之道,便无从预测未来,"知来"是以"藏往"为前提的。这种卜筮仍然由揲蓍开始。揲蓍的目的在于决疑。人们在实践中常常会碰到一些既不知其所以然又不明其所应然的疑难问题。为了解答这些疑难问题,通过揲蓍去向《周易》请教,《周易》就会以其凝结于象数结构之中的变化之道,由"藏往"以"知来",告知人们应变之方。就其"藏往"而言,它是无思无为,寂然不动;就其"知来"而言,则是穷极精微,感而遂通。所以《周易》的象数不仅是"天下之至变",而且是"天

四、《周易》在中国文化中的特殊功能
——一个立足于和谐的操作系统

下之至精","天下之至神"。

　　由此可以看出,《周易》是中外思想史上的一种绝无仅有的特殊现象,它把源于卜筮巫术的象数形式和阴阳哲学的义理内容结合为一个矛盾的统一体。象数是义理的形式,义理是象数的内容,由于形式与内容不可分,所以在《周易》的体系中,象数与义理乃是相互依存不可割裂的。如果我们扫落象数而孤立地研究它的义理,就会抹杀《易》道的特征而使之混同于一般的哲学思想。反之,如果我们排斥义理而孤立地研究它的象数,就会取消其中所凝结的阴阳变化之道而把象数变为抽象空洞的形式。事实上,《易传》在论述象数时,总是联系到义理;在阐发义理时,总是借助于象数。尽管《易传》处理象数与义理的关系常常左支右绌,顾此失彼,有时把象数置于首位,表现了一种象数派的倾向,有时又把义理置于首位,表现了一种义理派的倾向。但是,就其根本的指导思想而言,却是始终把象数与义理看成是一个矛盾的统一体,着眼于二者的结合的。《系辞》指出:

　　是故形而上者谓之道,形而下者谓之器,化而裁之谓之变,推而行之谓之通,举而错之天下之民,谓之事业。是故夫象,圣人有以见天下之赜,而拟诸其形容,象其物宜,是故谓之象。

圣人有以见天下之动，而观其会通，以行其典礼，系辞焉以断其吉凶，是故谓之爻。极天下之赜者存乎卦，鼓天下之动者存乎辞，化而裁之存乎变，推而行之存乎通，神而明之存乎其人，默而成之，不言而信，存乎德行。

这是《易传》关于象数与义理关系的经典性的表述。一阴一阳之道的义理内容无形可见，是为形而上；象数形式有形有器，是为形而下。道器不离，结为一体，如同现代的电脑一样，既有硬件，也有软件。硬件与软件的结合，这就是一个可以操作的系统了。所谓"化而裁之"，"推而行之"，"举而错之天下之民"，都是指的利用这个道器不离的系统进行具体的操作。在中国文化思想中，儒、墨、道、法各家的哲学缺乏一个如同《周易》这样的表现其义理内容的象数形式，只有软件而无硬件，不便于进行具体的操作。从这个角度来看，《周易》的那一套由有形有器的象数所组织的硬件系统值得我们认真地研究，这是《周易》的体系之所以能囊括天、地、人三才之道，作为一种认识的模型，用于"彰往而察来"的具体操作的关键所在。

象指的是八卦的卦象，数指的是爻的奇偶。揲蓍生爻，就有了七、八、九、六奇偶之数。爻排列组合而成卦，就有

四、《周易》在中国文化中的特殊功能
——一个立足于和谐的操作系统

了八卦与六十四卦的确定的卦象。《易传》对这种源于卜筮巫术的象数进行哲学的改造，使之成为表现天道人事变化的工具，大致说来，可分为宏观、中观、微观三个层次。所谓宏观层次，是说利用奇偶之数和八卦卦象来建构一个"范围天地之化而不过"的宇宙图式。所谓中观层次，是说利用六十四卦的卦爻结构来象征事物发展过程中的某一个特定的阶段。所谓微观层次，是说以爻变来表示受具体处境所支配的人们的行为选择。这三个层次，由宏观、中观以至于微观，一环套一环，整体统率部分，部分从属于整体，构成了一个无所不包而又层次分明、条理清楚的网络系统。下面我们就此分别作一点粗略的考察。

关于宏观层次，《易传》首先是利用"大衍之数"来建构宇宙图式。《易传》认为，古代筮法演卦所用的五十五根蓍草代表了天地之数。一、三、五、七、九，这五个奇数为天数，加起来等于二十有五；二、四、六、八、十，这五个偶数为地数，加起来等于三十。天数和地数相加等于五十有五，它们的错综变化是一切事物变化的根本原因。《系辞》指出：

> 天数五，地数五，五位相得而各有合。天数二十有五，地数三十，凡天地之数五十有五，此所以成变化而行鬼神也。

后来人们发挥《易传》的这个思想，把天地之数排列成为河图、洛书两个宇宙图式。河图的排列是"一六居下，二七居上，三八居左，四九居右，五十居中"，以图示之：

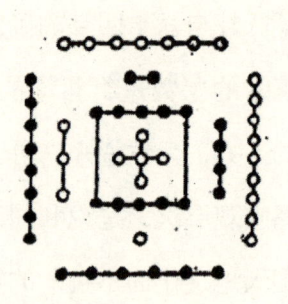

洛书的排列是"戴九履一，左三右七，二四为肩，六八为足，五居中央"，以图示之：

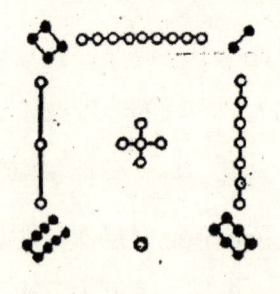

朱熹在《易学启蒙》中解释说："图、书之位与数，所以不同者何也？河图以五生数统五成数，而同处其方，盖揭其全以示人而道其常，数之体也。洛书以五奇数统四偶数，而各居其所，盖主于阳以统阴而肇其变，数之用也。"所谓"河图以五生数统五成数"，是说自五以前，为方生之数，自五以后，为既成之数，阴生则阳成，阳生则阴成，天以一生则地以六成之，地以二生则天以七成之，天以三生则地以八成之，地以四生则天以九成之，天以五生则地以十成之。阴阳二气，相为终始，未尝相离。数至十而始全，缺一则不全，故河图为数之体。所谓"洛书以五奇数四偶数而各居其

四、《周易》在中国文化中的特殊功能
——一个立足于和谐的操作系统

所",是说四正之位,奇数居之,四维之位,偶数居之,阴统于阳,地统于天,天地同流,而定分不易。由于天地万物的变化主于阳以统阴,由奇数以肇其变,所以洛书为了表示此数之用,其排列始于一而终于九,参伍错综,迭为消长,纵横皆为十五,无适而不遇其合。

其次,《易传》利用八卦的卦象来建构宇宙图式。《说卦》指出:

天地定位,山泽通气,雷风相薄,水火不相射,八卦相错。数往者顺,知来者逆,是故《易》逆数也。

后来人们发挥《易传》的这个思想,排列成为伏羲八卦图,也叫先天八卦图。以图示之:

《说卦》还指出:

万物出乎震,震,东方也。齐乎巽,巽,东南也。齐也者,言万物之洁齐也。离也者,明也,万物皆相见,南方之卦也。圣人南面而听天下,向明而治,盖取诸此也。坤也者,地也,万物皆致养焉。……兑,正秋也,万物之所说也。……乾,

西北之卦也，言阴阳相薄也。坎者，水也，正北方之卦也，劳卦也，万物之所归也。……艮，东北之卦也，万物之所成终，而所成始也。

后来人们发挥《易传》的这个思想，排列成为文王八卦图，也叫后天八卦图。以图示之：

中观层次与宏观层次不同。如果说宏观层次利用象数所建构的宇宙图式是象征阴、阳两大势力流转变化的全过程所形成的天人整体的和谐，那么中观层次则是利用一卦六爻所结成的网络关系来象征这个动态的过程所达到的某一个特定的阶段。六十四卦代表六十四个特定的阶段。由于阴、阳两大势力在每一个特定的阶段中有不同的排列组合，有时统一的一面占了上风，刚柔相济，阴阳协调，呈现为一种和谐的状态，有时却是斗争的一面占了上风。或者阳刚过头，或者阴柔太甚，使得和谐的状态受到破坏而转化为冲突和危机。因此，虽然天人整体是一个和谐的全过程，但是就某一个特定的阶段而言，却是或顺或逆，或吉或凶，有时君子道长，小人道消，有时小人道长，君子道消。《易传》把这种特定的阶段称之

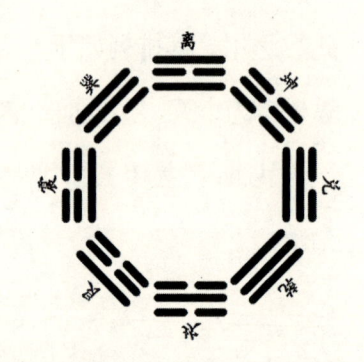

四、《周易》在中国文化中的特殊功能
——一个立足于和谐的操作系统

为"时"或"时义"。"时义"也就是卦义,这是一卦的主旨,六十四卦,每卦都有一个主旨,因而每卦都代表一个特定的"时"。"时"是中观层次中的一个极为重要的概念,历代的易学家都十分重视"时"的研究。比如王弼说:"夫卦者,时也。"王通说:"卦也者,著天下之时也。"程颐说:"看《易》且要知时。"吴澄说:"时之为时,莫备于《易》。程子谓之随时变易以从道。夫子传六十四象,独于十二卦发其凡,而赞其时与时义、时用之大。一卦一时,则六十四时不同也。"薛瑄说:"六十四卦,只是一奇一偶,但因所遇之时、所居之位不同,故有无穷之事变。"蔡清说:"有随时而顺之者,有随时而制之者。易道只是时,时则有此二义。"①

六十四卦的卦爻结构在《易经》中即已定型,但是《易经》却没有根据这种卦爻结构提炼出"时"的概念。这是因为,《易经》属于巫术文化范畴,尽管卦爻结构在巫术文化中有着预测吉凶休咎的功能,但是它所预测的对象并不是客观事物的变化,而是鬼神的意旨,人们用不着对卦爻结构进行理性的分析。"时"的概念是《易传》把卦爻结构改造为表现阴阳哲学的工具而后形成的。照《易传》看来,卦以六爻为成,

---

① 均见《周易折中》。

爻分奇偶，位有阴阳，由初爻以至上爻，从它们相互之间的承、乘、比、应的关系可以看出阴、阳两大势力的不同的配置情况。这种配置情况是由客观形势的推移变化所结成的关系之网，它总揽全局，对六爻起支配作用，是不以六爻的意志为转移而必须生活于其中的具体的处境，从而构成六爻所遭逢的一种时运或时机，简称为时。由于阴、阳两大势力的配置情况错综复杂，千变万化，有的配置得当，有的配置不当，有的形成了优化组合，有的发生了矛盾对抗，因而六十四卦之时显示了某一个特定阶段的事物的存在状态，是一种认知的模型，人们可以对卦爻结构进行理性的分析来预测事物的发展前途。

关于六十四卦之时，历代易学家作了各种各样的分类。孔颖达在《周易正义·豫卦》中从冲突与和谐相互转化的角度分为四类，他说："然时运虽多，大体不出四种者，一者治时，颐养之世是也；二者乱时，大过之世是也；三者离散之时，解缓之世是也；四者改易之时，革变之世是也。"李觏在《易论》中从时有小大的角度分为两类，他说："是故时有小大。有以一世为一时者，此其大也；有以一事为一时者，此其小也。以一世为一时者，否、泰之类是也，天下之人共得之也；以一事为一时者，讼、师之类是也，当事之人独得之也。"李光地在《周易折中》则根据时之所指分为四类，

四、《周易》在中国文化中的特殊功能
——一个立足于和谐的操作系统

他说:"消息盈虚之谓时,泰、否、剥、复之类是也。又有指事言者,讼、师、噬嗑、颐之类是也。又有以理言者,履、谦、咸、恒之类是也。又有以象言者,井、鼎之类是也。四者皆谓之时。"

通过"时"这个概念,人们对阴阳变化的认识是更为深化了,对事物的存在状态及其发展趋向的把握是更为具体了。其实,"时"这个概念既不是《易经》的卦爻结构所本有,也不是《易传》的独创的发明。先秦时期,儒、道、墨、法各家都对"时"的问题作了大量的研究,普遍地不把"时"当作一个单纯的时间概念,而与天道人事的具体的存在状态及其发展趋向联系起来,使之上升为一个重要的哲学范畴。《易传》只是总结吸收了各家研究的成果,把"时"的义理内涵纳入卦爻结构的象数形式之中,而显示了自己的特色。所谓"卦之德方以知","知以藏往",卦之所以具有这种认知功能,关键在于其中蕴含着"时"的哲学义理。《易传》的这种"卦以存时"、象数与义理相结合的做法,开创了一个伟大的易学传统,不仅以严整有序的符号系统为人们提供了六十四种关于"时"的认知模型,帮助人们把"时"的概念广泛地扩展应用到中国文化的各个领域,而且揭示了爻变引起卦变的原理,启发人们立足于和谐的价值理想对客观形势进行调整与控制,或随时而顺之,或随时而制之,把认识转化为行动

以"开物成务。"这就由中观层次进入到微观层次来了。

微观层次着眼于爻的研究。爻由蓍生。"蓍之德圆而神","神以知来"。人们怀着强烈的忧患意识,带着实践中所碰到的疑难问题,揲蓍生爻,去向《周易》请教,目的是为了对形势的发展作出预测,以决定自己的行为选择,实际上是一种决策活动。因此,爻的功能是与卦的功能不相同的。王弼在《周易略例》中指出:"夫卦者,时也。爻者,适时之变者也。"所谓"适时之变",包括适时与应变两个方面,适时是对总的形势以及自身的具体处境有一个清醒的认识和恰当的估计,应变是发挥主观能动性,采取正确的行动,推动形势朝着有利的方向转化。从这个角度来看,爻所代表的是行为的主体。尽管爻服从于卦,行为主体受"时"的支配,为客观形势与具体处境所制约,但却具有一定的自由度,可以根据自己的价值理想来选择自己的行为。

《系辞》说:"爻也者,效天下之动者也,是故吉凶生而悔吝著也。""吉凶悔吝者,生乎动者也。""吉凶者,言乎其失得也;悔吝者,言乎其小疵也;无咎者,善补过也。"人们的行为有得有失,得为吉,失为凶。由于行为是一个动态的过程,所以吉凶也在不断地转化。如果行为不当,犯了错误,导致凶的后果,那么由此而生悔,就有可能把凶转化

四、《周易》在中国文化中的特殊功能
——一个立足于和谐的操作系统

为吉。反之，在行为得当而暂时获吉的情况下，如果骄傲自满，得意忘形，就会由此而生吝，使吉转化为凶。人们不能保证自己的行为一贯正确，只能要求自己少犯错误，犯了错误能及时改正，所以说"无咎者善补过也"。为了善于补过，使自己的行为既能适时又能应变，人们应该对仿效天下之动的爻变进行仔细的研究。

所谓"六爻之义易以贡"，"易"是变易，"贡"是告知，一卦六爻的意义在于通过变化来告知人们以吉凶。究竟何者为吉，何者为凶，不能根据某种抽象的价值标准来判断，而应联系爻位的变化来确定。《系辞》指出：

《易》之为书也，原始要终，以为质也。六爻相杂，唯其时物也。其初难知，其上易知，本末也。初辞拟之，卒成之终。若夫杂物撰德，辨是与非，则非其中爻不备。噫！亦要存亡吉凶，则居可知矣。知者观其彖辞，则思过半矣。二与四同功而异位，其善不同，二多誉，四多惧，近也。柔之为道，不利远者。其要无咎，其用柔中也。三与五同功而异位，三多凶，五多功，贵贱之等也。其柔危，其刚胜邪！

这是说，客观事物都有一个由始至终的发展过程，每一卦的

六爻就象征着这个过程。初爻是始，上爻是终，中间四爻是事物发展的中间阶段。在事物的发展中，开始难以预料后来的结果，有了结果，才容易了解事物的全局，决定事物的存亡吉凶在于中间阶段。所以每一卦的六爻，初爻拟议其始，上爻决定其终，中间四爻详尽辨别其是非，而卦辞是总论一卦的吉凶的。中间四爻，第二爻和第四爻为偶数，是为阴位。但二四远近不同，二多誉，四多惧。因为第二爻以柔顺居下卦之中位，具有正中的美德；第四爻则接近君位，必有所戒惧。第三爻和第五爻为奇数，是为阳位。二者贵贱不同，第三爻居下卦之偏位，第五爻居上卦之中位，故三多凶，五多功。但因三五皆阳位，故柔爻居之则危，刚爻居之则胜。

　　这是就爻位变化的一般情况而言的，如果联系到六十四卦之时来看爻位的变化，就有了三百八十四种互不相同的具体的情况。因此，《易传》"以爻为人"，利用爻在卦中所处之地位及其变化建构了三百八十四种行为的模型，这些模型涉及到社会生活的各个方面，包括了各种可能出现的具体情况，人们在安居无事时去研究它们，可以提高自己的认知水平，增强自己的决策能力，在有所行动时去体会玩味，则可以从中找到应变之方，帮助自己去趋吉避凶。《系辞》指出："是故君子居则观其象而玩其辞，动则观其变而玩其

四、《周易》在中国文化中的特殊功能
——一个立足于和谐的操作系统

占。"这就是说,对人们的行为实践进行具体指导的功能是由六十四卦中之三百八十四爻的爻位变化来承担的。

后世的易学家对《易传》所建构的这三个层次作了大量的发挥。有的侧重于天象,吸收融会了自然科学研究的新成果,把它们充实到宏观层次的宇宙图式之中,使之更加丰满完备。有的侧重于人事,依据中观层次与微观层次的结构原理来观察当时的社会政治形势,用于拨乱反正,经世济民。由此可见,《易传》的这种经过了哲学改造的象数形式,作为一种立足于和谐的操作系统,在中国文化中是产生了十分深远影响的。

五、易学与中国政治文化

（一）《易》为拨乱反正之书

《易传》根据以阴阳哲学为核心的《易》道来观察解释政治领域的问题，形成了一种追求社会整体和谐的政治思想。这种政治思想受到历代许多著名的哲学家和政治家的重视，用于拨乱反正，克服由君主专制体制所造成的危机，变无序为有序，化冲突为和谐，对中国二千多年的政治文化产生了深远的影响。

就实际的政治体制而言，中国自秦以后一直是奉行君主专制的中央集权制。这种体制是根据法家的一套专制主义的理论建立起来的。法家对社会整体的看法与《易传》不同，不是立足于和谐，而是立足于冲突。他们把君臣、君民之间

五、易学与中国政治文化

的关系看成是利害相反，矛盾对立，"上下一日百战"①，相互进行不可调和的斗争。为了使社会不在斗争中陷入解体，他们主张加强君主专制，强化中央集权，反对臣民凭借文化道德因素参与政治，运用严刑峻法的手段来建立一种独裁统治的秩序。比如商鞅就把社会中的文化道德因素称为"六虱"，韩非则归结为"五蠹"，认为它们危害君权，必须彻底铲除。法家的这种思想把君权置于至高无上的地位，适应了专制政治的需要，因而在中国的政治文化中，专制主义一直是居于主流地位。但是，在实际的操作过程中，由于专制政治有着内在的不可克服的矛盾，总要不断地出现各种偏差。偏差之一表现在处理君民关系上。专制政治强调君主享有绝对的权力，殊不知这种绝对权力实际上是不存在的。如果君主因迷信权力的绝对性而胡作非为，不顾人民的死活，推行反人民的暴政，这就会激起人民的反抗，从而反过来否定专制政治本身。偏差之二表现在处理君臣关系上。专制政治强调君为臣纲，君主享有对臣下的绝对支配权力，臣下必须服从君主，殊不知君主在各个具体的领域都必须依赖于臣下。如果君主不懂这种依赖关系而独断专行，拒谏饰非，或偏听偏信，重

---

① 《韩非子·扬权》。

用宠佞，势必上下堵塞，大权旁落，从而也否定了专制政治本身。究竟怎样纠正偏差，克服专制政治所造成的危机呢？从指导思想上来看，唯一的途径就是像《易传》那样，把君臣、君民之间的关系看成是刚柔相济、阴阳配合的统一体，强调君权的相对性而否定其绝对性，运用社会长期积淀而成的文化道德因素对君权进行某种程度的限制。因此，历代的有识之士为了治理乱世，使之恢复正常安定，往往抱着强烈的忧患意识，从《易传》中寻找拨乱反正的理论根据。这就在中国的政治文化中形成了一种以《易传》的和谐思想为主导的传统。尽管这种思想并未否定君权，也没有达到近代民主主义的水平，但在中国历史上却是一股站在文化道德的立场上与专制主义思想相抗衡的强大力量。

　　《易传》的这种立足于和谐的政治思想与儒家所主张的德治仁政、道家所主张的自然无为息息相通，实际上是从阴阳哲学的角度综合总结了儒、道两家思想的产物。儒家的德治仁政思想强调政治应该服从道德的制约，认为社会是由体现了血缘亲情的道德因素凝聚而成的和谐的共同体，主张在君臣上下之间提倡礼让精神，奉行相对性的伦理，而极力反对"上下一日百战"的斗争意识。孔子曾说："能以礼让为

五、易学与中国政治文化

国乎？何有？不能以礼让为国，如礼何？"① 道家把人类社会看成宇宙整体的一个组成部分，其存在的状态是自满自足，完美和谐，不需要国家权力的外来干预，因而最理想的政治是一种顺应社会的自然本性的无为之治。《老子》五十七章说："我无为而民自化，我好静而民自正，我无事而民自富，我无欲而民自朴。"道家反复强调"贵以贱为本，高以下为基"，不是人民依赖君主，而是君主依赖人民，君主应"以百姓心为心"，不可滥用权力，自取灭亡。儒、道两家虽然在具体的政治主张上互不相同，但在对社会整体的基本看法以及如何处理政治与文化道德的关系上却存在着很多的共通之点，与法家的专制主义思想形成鲜明的对照。《易传》的作者适应于战国末年学术大融合的趋势，根据"天下同归而殊途，一致而百虑"的原则，对儒、道两家的思想进行了综合总结，由此而形成的追求社会整体和谐的思想也就具有更大的普遍性，既有儒家的浓郁的人文情怀，也有道家的深沉的宇宙意识，总的精神是站在文化道德的立场反对暴政，使政治权力能够符合植根于广大民众之中的深厚的价值理想。由于《易传》的思想本来与儒、道相通，所以在后来的发展中，能为

---

① 《论语·里仁》。

儒、道两家学者所普遍接受，儒家学者在解释《易传》时"阐明儒理"，着重发挥德治仁政的思想，道家学者则"说以老庄"，着重发挥自然无为的主张。从这个角度来看，研究中国的政治文化，发掘其中所蕴含的民主性的精华，应该以《易传》的思想作为重要的突破口。

《易传》把自然和社会看做一个整体，适用于自然界的原则同样也适用于人类社会，其根本主旨在于推天道以明人事。也就是说，根据对支配着自然界的那种和谐规律的认识和理解，来谋划一种和谐的、自由的、舒畅的社会发展的前景，使得社会领域的君臣、父子、夫妇的人际关系能够像天地万物那样调适畅达，各得其所。照《易传》看来，"一阴一阳之谓道"是适用于自然界和人类社会的一条总的原则。阳的性质为刚，阴的性质为柔，阳代表天象与人事中起着创始、施予、主动和领导作用的势力，阴代表起着完成、接受、被动和服从作用的势力。就天象而言，天是最大的阳，地是最大的阴。就人事而言，君臣、父子、夫妇也相应地区分为阴阳，阴是"地道也，妻道也，臣道也"①，阳则与此相反，应该是天道、夫道、君道。阴阳有尊卑地位之不同，阳为尊，

---

① 《坤卦·文言》。

阴为卑。但是，阴与阳的关系是相互依存、不可分割的，缺少一方，另一方也不能存在，因而必须互相追求，阴求阳，阳求阴。如果这种追求得以顺利实现，则称之为通，反之，则为不通。"通"是由刚柔相济、阴阳协调所形成的一种畅达的局面，"不通"是阴阳刚柔形成对立而不配合交往。只有"通"才能促进万物化生，社会发展；"不通"则形成否结，阻碍化生和发展的过程。因此，就阴阳这两大势力的本性而言，既有统一的一面，也有斗争的一面。如果阳尊阴卑，协同配合，统一的一面占了上风，就会有一种和谐的秩序。反之，如果斗争的一面占了上风，阴阳互相伤害，这就破坏了和谐，造成秩序的混乱。

由于现实处境在阴阳不测规律的支配之下，有时和谐，有时冲突，和谐之时少，冲突之时多，而且即令暂时呈现和谐状态，也常常因决策的失误，行为的不当，很快转化为冲突。所以《易传》强调指出，《周易》是圣人怀着忧患意识写成的一部拨乱反正之书。《系辞》说：

《易》之兴也，其于中古乎？作《易》者，其有忧患乎？

《易》之兴也，其当殷之末世，周之盛德邪？当文王与纣之事邪？是故其辞危。危者使平，易者使倾；其道甚大，百物不废。惧以终始，其要无咎，此之谓《易》之道也。

《易传》的这种忧患意识集中反映了处于暴政统治之下的人们对和谐秩序的向往,以社会的整体利益为重,忧国忧民,力求克服事实与价值、现实与理想的背离,谆谆告诫统治者在决策活动中应该自始至终保持危惧警惕之心。因为只有知所危惧,才能减少失误,不犯错误,在冲突之时可以促使向和谐转化,在和谐之时可以安而不忘危,存而不忘亡,治而不忘乱。如果不懂这个道理,在决策活动中不从忧患意识出发而任意妄为,掉以轻心,则身不安而国不保,必然导致倾覆。

《易传》用形象化的说法把拨乱反正、安邦定国的决策活动比喻为"经纶"。经纶的本义是指治理乱丝,理出头绪,使之由紊乱无序的状态变为井井有条的有序状态。《易传》认为,治理国家大事也和这种治理乱丝的活动类似。《屯卦·象传》:"云雷,屯。君子以经纶。"屯卦的卦象☳☵坎上震下,坎为云,震为雷,云在雷之上,将雨而未雨,表示刚柔始交,阴阳尚未和洽,象征屯难之世。就天象而言,这是天地造始之时,雷雨之动充盈于宇间,冥昧混沌,万物萌动,艰难丛生,整个世界呈现出一片紊乱的无序状态。就人事而言,情形也同样如此。君子观此卦象,推天道以明人事,应该发扬刚健有为的精神,像治理乱丝那样,拨乱反正,来建立一种正常的安定的社会秩序。

五、易学与中国政治文化

究竟怎样在屯难之世来拨乱反正，建立秩序呢？《易传》认为，关键在于作为最高决策者的君主能够"以贵下贱"，居贞守正，争取民心，促使社会人际关系中的阴、阳两种对立势力的双向追求得以顺利实现。王弼在《周易略例·卦略》中根据《易传》的这个思想解释屯卦说：

此一卦，皆阴爻求阳也。屯难之世，弱者不能自济，必依于强，民思其主之时也。故阴爻皆先求阳，不召自往；马虽班如，而犹不废，不得其主，无所冯也。初体阳爻，处首居下，应民所求，合其所望，故大得民也。

从卦体来看，屯卦都是阴爻主动追求阳爻，不召自往，有如马在排班前进。这就象征在屯难之世，阴求于阳，弱求于强，人民迫切需要一个君主来领导他们，保护他们，如果不得其主，则失去荫庇，无所凭依。初九为阳爻，在此屯难之世的开始，安静守正，磐桓不进，而且以尊贵的身分甘居于众阴之下，具有谦和的品德，应民所求，合其所望。因此，一方面是阴求阳，另一方面是阳大得民心，受到众阴的衷心拥戴，这两个方面的结合就使得社会秩序得以建立，虽然总的形势并不安宁，其发展的前景却是大为亨通的。

《易传》所设想的社会政治秩序是一种有君臣上下尊卑贵贱之分的等级秩序，但是这种等级秩序不是像法家所设想的那样，建立在强制性的统治与服从的基础之上，而是由阴、阳两大对立势力各按其本性互相追求、彼此感应自愿组合而成的。照《易传》看来，一个社会政治的整体，不能有阴而无阳，也不能有阳而无阴。如果阳得不到阴的辅助，完全孤立，就会一事无成；如果阴得不到阳的领导，散漫而无统率，也难以形成为群体。只有这种互相的追求取得成功，彼此的需要得到满足，社会政治生活才能产生功能性的协调，得以正常地运转。既然如此，阴、阳双方也必须互相适应，阴顺阳，阳顺阴，尽量克制自身的某种过分的欲望，以满足社会一体化的要求。因此，一个和谐稳定的社会，其内部结构一方面具有刚尊柔卑的等级秩序；另一方面又是协调配合，相辅相成，双方紧密联系，团结一致，谁也不感到孤独，阳刚有所动作，必然得到阴柔的支持与拥护，动而无违。这种社会的结构与功能都是健全的，能够使人们心情舒畅，感到悦乐。

《易传》根据这个思想设计了许多理想的模型。豫卦就是一个典型的例子。豫卦䷏震上坤下，震为动，坤为顺。《彖传》解释说：

五、易学与中国政治文化

豫,刚应而志行,顺以动,豫。豫,顺以动,故天地如之,而况建侯行师乎?天地以顺动,故日月不过,而四时不忒;圣人以顺动,则刑罚清而民服。豫之时义大矣哉!

豫卦刚上而柔下,五柔应一刚,是刚柔相应之象。既然刚为柔应,对立着的两个方面协调一致,则刚之行动必然得到柔的顺从和拥护,做任何事情都能如意,动作顺应自然,上下都悦乐。悦乐的根本条件就是"以顺动",刚能顺柔,柔能顺刚,刚柔的动作在各自所应处的地位上协同配合。天地以顺动,所以日月运行、四时变化不发生错乱。圣人以顺动,所以刑罚清明,人民悦服。

这种刚柔相应、协同配合的状态也叫做"太和。"太和就是最高的和谐。这也就是《易传》的政治思想所追求的最高的目标。《乾卦·彖传》指出:

乾道变化,各正性命,保合太和,乃利贞。首出庶物,万国咸宁。

乾道即天道,天道是刚健中正的。由于乾道的变化,万物各得其性命之正,刚柔协调一致,相互配合,保持了最高的和谐,所以万物生成，天下太平，程颐解释说："天地之道，常久而不已者，保合太和也。"① 意思是，保持这种最高的和谐，是事物终始循环、恒久不已的必要条件。

《易传》清醒地看到，这种太和境界只是一种有待争取的目标，并非既成的事实。由于阴阳刚柔两大势力除了统一的一面，还存在着斗争的一面，在二者不断推移运动的过程中，常常出现否塞不通、阳刚过头、阴柔太甚等等复杂的情况，甚至彼此伤害，不可调和，迫使安定转化为动乱，和谐转化为冲突。就既成的事实而言，人们每日每时所体验到的大多是这种违反心愿的动乱冲突，而不是那种符合理想的太和境界。《易传》的忧患意识就是由这种事实与价值、现实与理想的严重背离激发而成的。为了克服这种背离，《易传》必须一方面把太和境界树立为奋力追求的理想，根据理想来观察现实，评价现实；另一方面必须对现实处境进行清醒的理性的分析，找出动乱冲突的根源，否则，就根本无法采取正确的决策，拨乱反正，使现实符合于理想。

大致说来，《易传》通过对现实处境的分析，把动乱冲突区分为四种不同的类型。一种情况是由阳刚势力高据于尊

---

① 《伊川易传》卷一。

位而不与阴柔配合交往所造成的否结不通。否卦就是一个典型的例子。否卦☷乾上坤下，内卦为阴，外卦为阳。就尊卑贵贱的等级秩序而言，天在上，地在下，君尊而臣卑，法家的一套专制主义的理论所追求的正是这样一种君权至高无上的政治局面。但是《易传》认为，这是一种很坏的情况，象征着"天地不交而万物不通"、"上下不交而天下无邦"。因为否卦的卦象不符合交往的原则，破坏了阴阳刚柔相互依存的关系。就天象而言，如果天气上腾而不下施，则万物不通；就人事而言，如果君主高据尊位而不体察下情，则上下堵塞，信息交流的渠道受阻，势必小人道长，君子道消，造成国家政权全面颠覆的灾难性的后果。为了拨乱反正，应该像泰卦那样，反其道而行之，以贵下贱，以尊处卑，促使上下交往得以顺利进行。泰卦☷坤上乾下，与否卦相反，也与尊卑贵贱的等级秩序相反。天本在上而居于地之下，君为尊位而甘处于臣之下，《易传》认为，这种卦象象征着"天地交而万物通"，"上下交而其志同"，既是宇宙秩序的本然，也是安邦定国的有效手段。

第二种情况是由阳刚发展得过头而造成了危机。大过卦就是一个典型的例子。大过卦☷兑上巽下，四个刚爻均集中在中间，迫使两个柔爻退居本末之地，阳刚过头而失去阴柔的辅助，象征"栋挠之世"，即屋正中之横梁不足以支持其屋盖而挠曲，大厦将倾。《大过·九三象传》说："栋挠之凶，不可以有辅也。"在此种情况下，必须以非凡的胆略克制阳刚，扶植阴柔，才能拯弱兴衰，挽救危机。

第三种情况是由阴柔过甚而破坏了社会整体生活中的阴阳平衡。困卦是一个典型的例子。困卦☱兑上坎下，坎为水，兑为泽，水在泽之下，说明泽中之水已经枯竭，是困穷之象。卦的六爻，九二被初六、六三所围困，九四、九五又被六三、上六所围困。刚爻不能得到柔爻的支持反而被柔爻所围困，与大过卦之阳刚过头相反，这是由于阴柔太甚而陷入困境，穷而不能自振。但是，穷则思变，困则谋通，困境并不可怕，转困为亨的可能性是存在的。《困卦·彖传》指出："困而不失其所亨，其唯君子乎！贞大人吉，以刚中也。"这是说，九二、九五在处于阴柔围困的情况下，以阳刚中和的美德抑制阴柔，有可能摆脱困境，使阴、阳两大势力复归于平衡。

第四种情况最为严重，阴、阳两大势力的矛盾激化，发生了不可调和的斗争。革卦是一个典型的例子。革卦☱兑上离下，离为火，兑为水，离为中女，兑为少女。《革卦·彖传》解释说："水火相息，二女同居，其志不相得，曰革。……革而当，其悔乃亡。天地革而四时成。汤武革命，顺乎天而

五、易学与中国政治文化

应乎人，革之时大矣哉！"从革卦的卦象看，水居于火之上而企图使火熄灭，火居于水之下而企图把水烧干，此外，二女同居，也如同水火一样不能相容。《易传》认为，在此种情况下，必须进行彻底变革，才能把关系理顺。如果变革得当，"其悔乃亡"。自然界有变革，社会也有变革，变革是事物发展的普遍规律。

至于变革的目的，《易传》认为，并不是为了使一方消灭另一方，或者建立一种像法家所主张的那种强制性的统治与服从的关系，而是要达到一种刚柔在各自所应处的地位上协同配合的局面。《易传》的这个思想在节卦中表现得最为明显。节卦☵坎上兑下，坎为刚，兑为柔，刚上而柔下。卦的六爻，三刚三柔平分均衡，而且九五、九二两刚爻又分居上下卦之中位。《易传》称之为"刚柔分而刚得中"，象征着一种合理的制度，因为刚居于领导的地位，遵循正中之道的准则，柔服从刚的领导，诚心配合，这就无往而不亨通了。所谓"节"，既是一种制度，也是一种度量的标准，总的目的是使社会上的各种人际关系趋于和谐。如果过分强调刚柔之分，以致为节过苦，这是人们所不能忍受的。相反，如果着眼于和谐，则人们就会自觉地接受制度的约束，做到"安节"、"甘节"，既能安于各自所应处的地位，又能普遍地感到心情舒畅。

由此可以看出,《易传》的这种追求社会整体和谐的政治思想,一方面是以阴阳哲学作为坚实的理论基础,同时对现实生活中的动乱冲突也有清醒理性的认识,体现了现实主义与理想主义的完美的结合。它不像宗教那样空悬一个虚无缥缈的太和境界使人们顶礼膜拜,欢喜赞叹;也不像毫无理想追求的乡愿,面对着不合理的现象,同流合污,退让妥协。在它的和谐思想中,始终是贯穿着一种经纶天下、建功立业的实践精神,力求克服现实与理想的背离,用理想来纠正现实,使现实符合于理想。由于它对冲突与和谐、动乱与稳定的转化规律作了系统的研究,蕴含着十分丰富的决策思想和管理思想,所以历代的有识之士都把它看作是一部拨乱反正之书,从中汲取"涉世妙用"的政治智慧,对专制政治所造成的各种偏差进行批判和调整。

(二)论政治得失和治民之道

先秦时期,由于各家考虑问题的角度不同,有着不同的价值观念和不同的政治理想,因而关于政治得失和治民之道的问题也相应地产生了不同的看法。这些不同的看法可以大体上归纳为两种基本的倾向:一种倾向以法家的专制主义的

五、易学与中国政治文化

思想为代表；另一种倾向以儒家的德治仁政和道家的自然无为的思想为代表。

法家是从维护君主专制的角度来考虑问题的，他们的政治理想是建立一种把权力完全集中于君主一人之手的独裁体制，即所谓"事在四方，要在中央，圣人执要，四方来效"[①]。这是一种高度集权的体制，君主位于权力结构的顶端，与群臣以及广大的民众形成了尖锐的对立。为了维护这种体制，巩固君权，法家主张以法、术、势来对付臣下，以严刑峻法来对付民众，把臣民置于君主绝对控制的服从地位。因此，法家评价政治得失就有着与儒、道两家截然不同的价值观念。比如关于处理君臣关系，韩非认为，"抱法处势则治，背法去势则乱"[②]，"君无术则弊于上，臣无法则乱于下"[③]。其所谓法，是指体现君主个人意志的国家法令；术是指驾驭臣下的权术；势是指君主所掌握的权势。如果君主把这三者结合起来对付臣下，就可以造成一种"明君无为于上，群臣竦惧乎下"[④]的政治局面，这是一种最理想的政治局面，是政

---

① 《韩非子·扬权》。
② 《韩非子·难势》。
③ 《韩非子·定法》。
④ 《韩非子·主道》。

治的成功，否则，大权旁落，政治就失败了。关于处理君民关系，韩非认为，"夫严刑重罚者，民之所恶也，而国之所以治也；哀怜百姓、轻刑罚者，民之所喜，而国之所危也"①。根据这种价值观念，所以法家蔑视民心的向背，崇尚暴力镇压，其治民之道带有极端反人民的性质。

儒、道两家是从民心向背的角度考虑问题的，属于民本思想的范畴，而与法家的专制主义不相同。这种民本思想不等于近代的民主主义，只是强调民贵君轻，君主应该推行顺民心的政策以争取民众的衷心拥护，把民心的向背确立为评价政治得失的标准。比如儒家根据这个标准把蔑视民心向背的专制暴君称为独夫民贼，认为最好的政治是得民心的政治，最坏的政治是残民以逞的失民心的政治。道家则根据这个标准把政治区分为四个高低不同的层次，认为最好的政治是尊重社会整体和谐而无行政干预的无为之治，其次是类似于儒家的那种有意争取民心的德治仁政，再其次就是类似于法家的那种依赖威权使人畏惧的专制政治，由于这种政治完全失去民心，破坏了"贵以贱为本，高以下为基"的依存关系，必然遭到人民的侮蔑，这就发展成为最坏的政治了。关于处

---

① 《韩非子·奸劫弑臣》。

理君臣关系,儒家极力反对君主的专制独裁,认为君主如果把自己的个人意志奉为至高无上,使群臣竦惧而不敢违反,就将导致"一言而丧邦"。儒家主张"为君难,为臣不易",强调君臣应该共同以国家的整体利益为重,兢兢业业,协同配合,励精图治。道家则把君臣关系看作是一种自然的生成,"朴散则为器,圣人用之则为官长",因而君臣应该共同维护社会整体的自然的和谐,发挥其内在的自我调节功能,以善人为不善人之师,以不善人为善人之资,做到人无弃人,物无弃物,使社会整体复归于和谐。道家反对法家的那种行术用明、法令滋彰的察察之政,认为君臣之间应以相互信赖作为联结的纽带,"善者吾善之,不善者吾亦善之","信者吾信之,不信者吾亦信之"。如果臣下不信赖君主,那是由于"信不足焉,有不信焉",应该归咎于君主对臣下的信赖不够。

　　《易传》关于政治得失和治民之道的看法,其所依据的价值观念和政治理想,和儒、道两家一样,也是属于民本思想的范畴。《易传》站在阴阳哲学的高度对这种民本思想进行了系统的论证,把它纳入广阔的天人之学的体系之中。《系辞》指出,《周易》这部书,之所以能开通天下的思想,成就天下的事业,是因为它能"明于天之道,而察于民之故"。

所谓"明于天之道",是说对自然规律有着深刻的了解;所谓"察于民之故",是说对民众的忧患安乐有着切身的体察。就自然现象而言,天地万物在阴阳规律的支配之下,相互依存,流转变化。就社会现象而言,情形亦复如此。君民之间,相互依存,结为一体。如果不能体察民情,制订出符合民心的政策,这就根本不可能通天下之志,定天下之业。《易传》由此而树立了一个评价政治得失的确定的标准,即"吉凶与民同患"。吉为政治之得,是政治的成功。凶为政治之失,是政治的失败。政治的得失决定于君主是否以民众的吉凶为吉凶,以民众的忧患为忧患,也就是说,应该根据民心的向背来评价政治的得失。

  关于君臣关系,也是相互依存,结为一体,尽管君居尊位,臣处卑位,君为主导,臣为从属,但却是按照刚柔相济、阴阳协调的原则结成一种和谐统一的政治共同体。这种政治共同体有如人之一身,君为元首,臣为股肱,相亲相辅,互助合作。君主不可垄断权力,专制独裁,而应该委贤任能,信任臣下;臣下也不可结党营私,侵犯君权,而应该尽力辅助,志匡王室。这是一种君臣共治的思想,而与法家的那种绝对专制主义的思想判然有别。

  《易传》根据阴阳哲学的原理,把君民、君臣之间的关

五、易学与中国政治文化

系看成是对立的统一,既有相互依存的一面,也有相互对立的一面。但是,《易传》并不像法家那样把这种对立绝对化,主张君主必须站在臣民的对立面对他们进行强制性的控制,而是认为君主应该从对立中看到统一,把求同存异奉为指导政治的根本原则。睽卦☲离上兑下,离为火,兑为泽,火动而上,泽动而下,象征事物存在着相互对立的一面。《彖传》解释说:"天地睽而其事同也,男女睽而其志通也,万物睽而其事类也。"《象传》解释说:"上火下泽,睽。君子以同而异。"这就是说,天地、男女、万物虽相反而又相成,处理政治领域的君民、君臣关系,应该遵循这条支配宇宙的普遍规律,善于发挥二者之间的相反相成的作用。

按照这个看法,凡是加强君民、君臣的依存关系使二者达到和谐统一的政治,就是成功的政治,反之,凡是破坏这种依存关系,使二者形成对抗局面的政治,就会身不保而国不安,是失败的政治。由于这种依存关系是政治稳定、社会和谐的基础,从根本上决定政治的得失,所以君主和臣民都应该以大局为重,根据一体化的要求来约束自己的行为,使这种关系不受到破坏,特别是处于权力结构顶端的君主更应该如此。比如《乾卦·上九》:"亢龙有悔。"《文言传》认为这是君主破坏了依存关系的一种错误的行为,严厉谴责说:"亢之为言也，知进而不知退，知存而不知亡，知得而不知丧。""贵而无位，高而无民，贤人在下位而无辅，是以动而有悔也。"乾卦上九爻是由九五发展而来。九五飞龙在天，以龙德而居尊位，守持中道，行为不偏，深明相互依存之理，故上应于下，下从于上，同声相应，同气相求，君主与臣民结为一体。但是上九却被权力冲昏了头脑，急躁冒进，刚愎自用，不以中道来约束自己的行为，使得权力脱离了赖以存在的基础，失去了民众的支持和贤人的辅助，变成了一个名副其实的孤家寡人，这就必然会走向反面，动而有悔，落得个灭亡的下场。

为了纠正"亢龙有悔"所造成的偏差，《易传》吸取了道家的"贵以贱为本，高以下为基"的思想，主张君主应该奉行谦卑的美德，以加强君主对于臣民的依存关系。《谦卦·象传》说：

谦，亨。天道下济而光明，地道卑而上行。天道亏盈而益谦，地道变盈而流谦，鬼神害盈而福谦，人道恶盈而好谦。谦尊而光，卑而不可逾，君子之终也。

谦卦继大有卦之后。《序卦传》说："有大者不可以盈，故受之以谦。"谦为有大而不自居之义。君主虽拥有广土众民，掌握最大的权力，但唯有自处谦卑，甘居人下，才能争取到臣民的支持和辅助，事事亨通，保持其尊贵光荣不可逾越的地位。《老子》六十六章曾说："江海所以能为百谷王者，以其善下之，故能为百谷王。是以欲上民必以言下之，欲先民必以身后之，是以圣人处上而民不重，处前而民不害，是以天下乐推而不厌。"《易传》所说的"谦尊而光，卑而不可逾"，认为天、地、人三才之道都是恶盈而好谦，是和道家的这个思想完全相通的。

《易传》把这种谦卑的美德贯彻到治民之道中，提出了一系列闪耀着民本思想光辉的具体的措施。首先，《易传》强调君主应该关心人民的生活，推行"损上益下"的惠民政策，建立"不伤财，不害民"的制度，使人民能够安居乐业，衷心悦服。它说：

天地之大德曰生，圣人之大宝曰位。何以守位曰仁，何以聚人曰财。[①]

天地养万物，圣人养贤以及万民。颐之时大矣哉。[②]

---

① 《系辞》。
② 《颐卦·象传》。

山附于地，剥。上以厚下安宅。①

损上益下，民悦无疆。自上下下，其道大光。……天施地生，其益无方。凡益之道，与时偕行。②

天地节而四时成，节以制度，不伤财，不害民。③

《易传》认为，天地长养万物，其大德曰生，君主的权位虽然宝贵，但是必须体现天地之大德，以仁爱之心关怀人民，把养育万民的问题置于首位。这也是国家政权的根本职责。其所以如此，是因为"民惟邦本，本固邦宁"，只有使人民生活安定，国家政权才能巩固。如果人民的生计发生了问题，基础动摇，国家政权也必然随之而崩溃，这就如同高山剥落倾圮而附着于大地的情形一样。因此，君主为了保住自己的权位，取得人民的欢心，应该"损上益下"，"厚下安宅"，施惠于民，不可横征暴敛，擅兴徭役，应该使赋税法令有所节制，"不伤财，不害民"。

其次，《易传》认为，为了维持社会政治秩序的稳定，应该用伦理教化的方法，而不可用武力强制的手段。它说：

---

① 《剥卦·象传》。
② 《益卦·象传》
③ 《节卦·象传》。

五、易学与中国政治文化

山下有风,蛊。君子以振民育德。①
泽上有地,临。君子以教思无穷,容保民无疆。②
风行地上,观。先王以省方观民设教。③
山下有火,贲。君子以明庶政,无敢折狱。④
雷雨作,解。君子以赦过宥罪。⑤
苦节不可贞,其道穷也。⑥

照《易传》看来,人类的社会政治秩序不是像法家所设想的那样,建立在强制性的统治与服从的基础之上,而是在屯体不宁、刚柔始交之时,由于阳刚势力"以贵下贱"、"刚来而下柔",受到阴柔势力的衷心拥戴自愿组合而成的。因此,维持这种社会政治秩序,主要是依靠伦理教化以争取民心,而不是站在人民的对立面,来进行武力强制。为了实行教化,君主应该为人表率,成为道德的楷模,如果社会风气败坏,影响了秩序的稳定,君主应该反躬自省,引咎自责。《易传》

---

① 《蛊卦·象传》。
② 《临卦·象传》。
③ 《观卦·象传》。
④ 《贲卦·象传》
⑤ 《解卦·象传》
⑥ 《节卦·彖传》

的这个思想是和儒家的德治相通的。《论语·颜渊》："子欲善，而民善矣。君子之德风，小人之德草，草上之风必偃。"《易传》从自然规律的角度对德治作了进一步的论证，认为君主应该效法天道，像和煦的微风那样，"振民育德"，"省方观民设教"，像宽厚的大地那样，"教思无穷，容保民无疆"。如果不以伦理教化而以武力强制为手段，便会事与愿违，导致不稳定因素增长，由此而建立的制度就是一种使人痛苦的制度，称之为"苦节"。"苦节不可贞，其道穷也"，政治到了这种局势，就是穷途末路，不可收拾了。

第三，《易传》认为，居于尊位的君主只有以发于至诚的信任才能广系天下之心，因为诚信是国家团结的纽带，社会凝聚的动力。如果君民关系建立在彼此信赖的基础之上，君主以至诚之心对待人民，人民也会以至诚之心对待君主，至诚相感，上下交孚，于是君主就可以受到人民的衷心爱戴，能够克服一切困难，动而无违，得志于天下。它说：

有孚惠心，勿问之矣。惠我德，大得志也。①

兑，悦也。刚中而柔外，悦以利贞，是以顺乎天而应乎人。

---

① 《益卦·九五象传》。

五、易学与中国政治文化

悦以先民，民忘其劳；悦以犯难，民忘其死。悦之大，民劝矣哉。①

刚来而下柔，动而悦，随。大亨贞无咎，而天下随时。随时之义大矣哉。②

中孚，柔在内而刚得中，悦而巽，孚乃化邦也。豚鱼吉，信及豚鱼也。③

孚是诚信，中孚就是中心诚信的意思。中心诚信，是为至诚，至诚可以使冥顽的豚鱼之物也受到感化，若能如此，整个国家也就笼罩着一种发自内心的敦实笃信的气氛而同心同德，上下都感到悦乐。这种悦乐"顺乎天而应乎人"，既合乎天道，也合乎人情，是一种天人俱悦的境界。为了使国家政治也能达到这种境界，君主应该刚中以正己，柔外以悦民，自处谦卑，以刚下柔，时时想到施惠于下，争取民心，把权力当作满足人民愿望的工具。所谓"惠我德，大得志也"，是说君主出于至诚施惠于下而取得了人民的信赖和支持，这是政治的最大的成功。这种成功的政治把君民凝聚为

---

① 《兑卦·彖传》。
② 《随卦·彖传》。
③ 《中孚卦·彖传》。

一个共同感到悦乐的整体，动而悦，悦而巽，有事而与民趋之，则如禹之治水，劳而忘劳；有难而与民犯之，则如汤之东征西怨，死而忘死。既然君民之间以诚信为纽带结成了互惠的关系，"有孚惠心"，这种政治也就不待问而元吉了。

关于君臣关系，《易传》根据刚柔相应、阴阳协调的哲学原理，发挥了君臣共治的思想，而与法家的那种以法、术、势为手段把权力完全集中于君主一人之手的绝对专制主义形成了鲜明的对照。《系辞》说：

"同人，先号咷而后笑。"子曰："君子之道，或出或处，或默或语。二人同心，其利断金；同心之言，其臭如兰。"

"先号咷而后笑"是《同人卦》九五的爻辞。九五阳刚中正，尊居君位，本与居于臣位的六二同心相应，但因受到九三、九四两个小人的阻隔，不能立即会合结为一体，所以先是号咷哭泣，悲愤不能自已。后来由于六二忠而不贰，上应于九五，九五中直而不疑，下应于六二，终于克服了小人的阻隔，君臣相遇，情投意合，所以又欢欣鼓舞，破涕为笑。照《易传》看来，如果君臣之间的关系产生了隔膜，就是一种令人痛心的政治局面，相反，如果君臣同心，融洽无间，是值得庆幸的。因为"二人同心,其利断金",君主的政治决策只有取得臣下的共识,受到他们的拥护,才能无坚不摧,无往不胜;如果独断专行,刚愎自用,就会陷入孤立无援的困境。

《易传》的这个思想强调君主对臣下的依赖,表现了臣下凭借文化道德因素的热切的参政要求,是对绝对君权的一种有力的限制。根据这个思想,《易传》主张贤人政治而反对专制政治。《大畜卦·象传》说:

大畜,刚健笃实,辉光日新其德。刚上而尚贤,能止健,大正也。不家食吉,养贤也。

大畜䷙艮上乾下,艮为山,乾为天,天藏于山中,有所畜至大之象。乾体刚健,艮体笃实,刚健则自强不息,笃实则充实盈满,故能辉光焕发,日新其德。这是一个理想的君主所应具备的美德。君主何以能具备如此的美德,关键在于他能尚贤。从爻位配置来看,六五为君,上九为臣,六五以柔顺之资奉上九阳刚之贤居于尊位之上,虚怀若谷,谦卑自处,如同周武王尊姜太公为尚父那样,这就是"刚上而尚贤"。从卦体的结构来看,艮上乾下,艮为止,乾为健,乾健欲上进而艮止之于下,象征臣对君权的限制,能止其君之不善。其所以能止健，是因为臣具备了大人正己之德，能格君心之非。所以说，"能止健，大正也"。既然贤人在国家政治生活中有如此重大的作用，君主一时一刻也离不开贤人的辅助，所以君主必须致力于养贤，使贤者在位，能者在朝，不要使其穷处而自食于家，这也是判定政治的吉凶得失的一个确定的标准。

《易传》把尚贤、养贤的思想提到天道自然规律的高度进行了论证。《颐卦·象传》说："天地养万物，圣人养贤以及万民。"《夬卦·象传》说："泽上于天，夬。君子以施禄及下，居德则忌。"《系辞》说："《易》曰：自天祐之，吉无不利。子曰：祐者助也。天之所助者顺也，人之所助者信也。履信思乎顺，又以尚贤也。是以自天祐之，吉无不利也。"

所谓顺，就是阴顺阳，阳顺阴，阴阳双方只有在互相适应的过程中才能产生功能性的协调，萌发生机，这是符合天道的自然规律的，可以获天之助。就社会人际关系而言，应该以相互之间的信赖作为联结的纽带。这种相互信赖同样是在阴顺阳、阳顺阴的过程中产生的。如果阴阳各行其是，彼此伤害，社会生活就不能运转，社会秩序也会解体。所以说"人之所助者信也"。君道为阳，臣道为阴，阳为主导，阴为从属，对于君主来说，应该特别强调其阳顺阴的一面，因为只有如此，才能使君主的行为不违反天人之理，"履信思乎顺，又以尚贤"，既得到天助,又得到人助。这也就是儒家所说的"得道者多助"的意思。否则,如果君主以阳居阳,用其刚壮,不去争取贤人的辅助,像法家那样把所有的臣下统统当作敌人严加防范,造成君臣之间离心离德,这就是"失道者寡助",必然会受到天人之理的惩罚,导致政治的彻底失败。

(三)论治乱兴衰的规律

《周易》六十四卦,每一卦代表一种"时",这种"时"是由阴、阳两大势力错综交织所形成的具体的形势,象征着社会人际关系的状况和势力的消长,因而不是一个单纯的时间概念,主要是表示社会政治秩序由冲突到和谐或由和谐到冲突的动态的过程。它总揽全局,从时间、地点、条件等方面制约人们的行为,不是人们所能随意左右的,但是其中蕴含着一种必然之理,可以为人们所认识,所以这种"时"又叫做"时运"、"时义"。人们对"时运"、"时义"的认识,目的是为了用,即根据客观形势来决定主体的行为,顺时而动,必获吉利,逆时而动,将导致灾难,所以这种"时"又叫做"时用"。就一时之大义而言,有时大通,有时否塞,有时正面的势力上升,君子道长,小人道消,有时反面的势力上升，小人道长，君子道消，社会政治秩序的这种动态的过程呈现出一种治乱兴衰相互转化的规律。但是，人们在规律面前并不是消极无为的，如果对规律有正确的认识，行为得当，尽管形势不利，也可以化凶为吉；相反，如果估计错误，行为不当，尽管形势有利，则会带来凶的后果。因此，《易传》对规律的研究，其着眼点在于指导人们的行为，强调人们在总揽全局的治乱兴衰相互转化的过程中应该时刻警惕危惧，自觉地承担道义的责任，不可掉以轻心。北宋李觏在《易论》中曾经十分感慨地指出："噫！作《易》者既有忧患矣，读《易》者其无忧患乎？苟安而不忘危，存而不忘亡，治而不忘乱，以忧患之心，思忧患之故，通其变，使民不倦，神而化之，使民宜之，则自天祐之，吉无不利矣。"

所谓"以忧患之心，思忧患之故"，不仅是李觏通过个人切身的体会所总结出来的读《易》法，也是历史上的一些具有远见卓识的思想家和政治家普遍奉行的读《易》法。就《周易》的本文而言，它对治乱兴衰规律的研究，本身就体现了一种极为强烈的"以忧患之心，思忧患之故"的精神。这种精神是为矛盾冲突、混乱失序的现实的困境所激发，焦虑不安，忧心如焚，力求通过客观冷静的研究找到摆脱困境的出路，拨乱反正，化冲突为和谐，变无序为有序。因而《周易》

五、易学与中国政治文化

对治乱兴衰规律的研究,既有对客观形势的理性的分析,也有对和谐理想的执著的追求,是现实主义与理想主义的有机的结合,蕴含着深邃的政治智慧。后世的一些思想家和政治家虽然生活在不同的历史条件之下,面临着不同的困境,但是为了寻求拨乱反正的途径,汲取摆脱困境的政治智慧,往往是抱着如同李觏所说的"以忧患之心,思忧患之故"的精神去研究《周易》的。《周易》在后世之所以一直享有群经之首、六艺之原的崇高地位,主要是由于人们从政治的角度进行了认真仔细的比较,一致公认在所有的典籍中,唯有《周易》对治乱兴衰的规律的研究,最能启发人们的政治智慧,最能帮助人们拨乱反正,去建立一个符合人们理想的天地交泰、政通人和的秩序。

《公羊传》哀公十四年:"拨乱世,反诸正,莫近诸《春秋》。"这是拨乱反正一词的最早的出处。汉武帝时期,由于董仲舒的提倡,《春秋公羊》学成为显学,人们都推崇《春秋》,从中寻求拨乱反正的指导思想。司马迁受这种风气的影响也十分推崇《春秋》。他在《史记·太史公自序》中曾说:"《春秋》者,礼义之大宗也。""故有国者不可以不知《春秋》。""为人臣者不可以不知《春秋》。"但是,当司马迁把《春秋》和《周易》这两部经典作了一番认真仔细的比较之后,终于承认它们在拨乱反正方面有着不同的功能。在《史记·司马相如传》中，司马迁指出："《春秋》推见至隐，《易》本隐之以显。"这就是说，《春秋》是通过一些具体的历史事例来表明其中所隐含的微言大义，《周易》则是根据抽象普遍的哲学原理来揭示具体的政治操作所遵循的规律。司马迁言下之意，可能是认为，拿《周易》来与《春秋》相比，《周易》的哲学思维水平更高，对于拨乱反正的指导功能更强，给人的政治智慧的启发更大。东汉时期，班固在《汉书·艺文志》中作了进一步的比较，认为六艺之文，《乐》偏于仁，《诗》偏于义，《礼》偏于礼，《书》偏于知，《春秋》偏于信。"五者，盖五常之道，相须而备，而《易》为之原。故曰'《易》不可见，则乾坤或几乎息矣'，言与天地为终始也。"班固推崇《周易》的看法与司马迁类似，代表了汉代人的共识。自此以后，二千多年中，《周易》所享有的群经之首、六艺之原的地位从来没有动摇。

魏晋时期，阮籍作《通易论》，称《周易》为变经，认为《周易》是一部"因阴阳，推盛衰"，研究变化之道的书。圣人根据这种变化之道，"建天下之位，定尊卑之制，序阴阳之适，别刚柔之节"。所谓变化之道，也就是治乱兴衰的规律，人们只有遵循这个规律，才能建立良好的政治秩序。"顺之者存，

五、易学与中国政治文化

逆之者亡，得之者身安，失之者身危。故犯之以别求者，虽吉必凶；知之以守笃者，虽穷必通。"可以看出，阮籍推崇《周易》，也是着眼于政治，强调它的变化之道是拨乱反正必须坚持的指导思想。

唐代孔颖达对六十四卦所代表之"时"作了分类的研究，归纳为四种类型。他指出，"然时运虽多，大体不出四种者。一者治时，颐养之世是也。二者乱时，大过之世是也。三者离散之时，解缓之世是也。四者改易之时，革变之世是也"[①]。孔颖达对时运的研究，目的是为了掌握治乱兴衰的规律，决定适时之用的对策。"时之须用，利益乃大。"照孔颖达看来，把这种规律用于指导实际的政治决策，可以少犯错误，获得很大的利益。

宋代是易学研究的繁荣时期。在这个时期，出现了一个以李光、杨万里为代表的"参证史事"的学派。所谓"参证史事"，是说引史说经，用历史上的成败得失的具体事例来论证阐发《周易》所揭示的治乱兴衰的规律。杨万里在《诚斋易传序》中说明了他对《周易》的根本理解。他认为，《周易》不仅讲"变"，而且讲"通变"。"变"是就客观事物的变化而言，"通变"

---

① 《周易正义·豫卦》。

则是指人们主观上的应变之方。客观事物的变化,有得有失,有治有乱,并不尽如人意。圣人为此感到忧虑,致力于研究使现实符合于理想的通变之道,这是作《易》的用心所在。这种通变之道能够启发人们的智慧,指导人们的决策。"得其道者,蛊可哲,慝可淑,眚可福,危可安,乱可治,致身圣贤而跻世泰和,犹反手也。"杨万里的这个看法进一步强调了《周易》的拨乱反正的作用,突出了《周易》在中国政治文化中的地位,对后世产生了深远的影响。

明代的改革家张居正十分推崇《诚斋易传》。他在政务繁忙、日理万机之际,仍然抽出时间热心地研读,从中汲取思想营养,指导自己的改革事业。他在《答胡剑西太史》的信中谈了自己的心得体会。他说:"弟甚喜杨诚斋《易传》,座中置一帙常玩之。窃以为六经所载,无非格言,至圣人涉世妙用,全在此书。"[①]张居正所说的"涉世妙用",就是杨万里所说的"通变之道",也就是《周易·系辞》所说的"开物成务",意思都是根据社会政治秩序客观呈现出来的治乱兴衰的规律,采取正确的决策,促进事物的转化。

从以上粗略的回顾,可以看出。《周易》关于治乱兴衰

---

① 《张太岳集》卷三十五。

规律的论述在各个不同的时代一直是受到人们的重视,其中所蕴含的丰富深邃的智慧哲理具有普遍性的意义,能使人们得到很大的启迪和教益。人们之所以把《周易》尊奉为群经之首、六艺之原,完全是根据自己切身的体会和实际的感受,决不是一种偶然的文化现象。

究竟《周易》关于治乱兴衰规律的论述包含着哪些具体内容呢?综观前人的研究阐发,大致说来,包含着以下三个方面的内容。

第一,《周易》以和谐的价值理想为标准对社会政治秩序的客观的变化作了分类。按照孔颖达的理解,六十四卦所代表之时可以分为四类:一为治时;二为乱时;三为离散之时;四为改易之时。所谓治时,指的是阴、阳协调,刚柔相济,社会政治秩序处于和谐的状态,比如颐卦之时就是这种治时。所谓乱时,指的是阴、阳两大势力斗争的一面占了上风,因而破坏了社会整体的和谐而转化为某种程度的危机,比如大过卦之时就是这种乱时。所谓离散之时,包括两种情况:一种是指险难得到暂时的缓和,如解卦所象征的解缓之世;另一种是指社会的离心离德的倾向增长,如旅卦所象征的羁旅之世以及涣卦所象征的涣散之世。所谓改易之时,是指阴、阳两大对立势力矛盾激化,难以调和,革命的形势已经到来,如革卦所象征的革变之世。

关于治乱兴衰的分类，也可以用泰、否、剥、复四卦作为典型的代表。泰卦的卦象☷☰，天在下，地在上，内阳而外阴，内健而外顺，象征上下相交，政通人和，天下大治。否卦的卦象☰☷，天在上，地在下，内阴而外阳，内柔而外刚，象征上下不交，否结不通，社会政治秩序处于混乱状态。剥卦的卦象☶☷，五阴爻在下，一阳爻在上，阴为柔，阳为刚，此乃五柔之势力甚盛，一刚之势力甚微，柔正在改变刚，是衰世的象征。复卦的卦象☷☳，虽然五阴爻在上，但初爻为阳爻，象征刚者复还，可自下而上，顺序上升，象征社会政治秩序的中兴局面。

总之，六十四卦所代表的六十四种不同的时，实际上就是以象数形式构造而成的六十四种关于社会政治秩序的模型，其中有的和谐，有的冲突，虽然和谐与冲突表现为不同的程度之差，但是大体上可以归结为治、乱、兴、衰四种类型。《周易》的这种分类给人们提供了一个极为方便的认识的框架，在中国政治文化中是一个伟大的创造。人们借助于这个认识的框架，可以对现实的社会政治秩序的治乱兴衰进行宏观的把握，作出准确的判断。

第二，《周易》联系人们的主体行为对治乱兴衰的内在的原因作了深入的研究。照《周易》看来，社会政治秩序的

五、易学与中国政治文化

变化与天地万物的变化是不相同的,天地万物的变化是一个无心的自然的运行过程,有如寒暑之推移,四时之嬗替;而社会政治秩序的变化则是在抱着不同的目的、追求不同的利益的人们的"爱恶相攻"、"情伪相感"的有心的作为下所造成的。因此,由这种有心的作为错综交织所造成的治乱兴衰的形势虽然总揽全局,不能为人们随意左右,是每一个人必须承认接受的客观外在的时运,但是,如果进一步追究造成这种形势的内在的原因,那么每一个行为主体都不能推卸道义的责任。《周易·系辞》指出:

变动以利言,吉凶以情迁。是故爱恶相攻而吉凶生,远近相取而悔吝生,情伪相感而利害生。凡《易》之情,近而不相得则凶;或害之,悔且吝。

在社会人际关系中,爱则相取,恶则相攻,相取为利为吉,相攻为害为凶。所谓"近而不相得",就是彼此相恶,凶、害、悔、吝皆由此生。如果全社会充斥着这种彼此相恶的冲突意识,就会从总体上呈现一种衰世、乱世的迹象。反之,如果不是彼此相恶而是彼此相爱,就会把各种关系理顺,呈现出兴世、治世的局面。所有这些变化与天地万物的变化不同,都是由人的情伪所引起的。情即实情，伪即虚伪。情为天之所有，伪则出于人为，以情相感则利生，以伪相感则害生。因此，社会政治秩序之所以有治乱兴衰，其内在的原因在于支配人们行动的这种种复杂矛盾的心态。

就天地万物的变化而言，阴阳刚柔两大对立的势力虽相反而实相成，在相互推移激荡的过程中，呈现出一种"消息盈虚"的秩序，称之为"天行"。这是一种宇宙本然的秩序，自然和谐的秩序。照《周易》看来，如果人类社会的阴阳刚柔两大对立势力能够遵循"天行"的规律，就可以像自然的和谐那样谋划一种社会的和谐。但是，实际的情况却总是出现种种令人感到痛心的矛盾冲突和政治危机，这主要是由于阴阳刚柔两大对立势力不懂得相互依存、协调配合的道理，违反了"天行"的自然规律，往往是各行其是，各亢所处，因而相互攻击、彼此伤害所造成的。王弼在《周易注》中阐发了这个思想。《乾卦·用九注》说："夫以刚健而居人之首，则物之所不与也；以柔顺而为不正，则佞邪之道也。"《坤卦·象传注》说："方而又刚，柔而又圆，求安难矣。"乾道为君道，坤道为臣道。在一个社会政治系统中，君与臣处于权力结构的两端，本来应该遵循为君之道与为臣之道，做到上下交感，君臣道合，以维持秩序的稳定和谐。但是，在某种情况下，君、

五、易学与中国政治文化

臣双方都放弃了自己所应承担的道义的责任。为君的刚愎自用，独断专横，为臣的谄媚佞邪，柔而又圆，这就破坏了稳定和谐的秩序，而转化为矛盾冲突了。《周易》的这个看法对治乱兴衰的内在的原因作了更深入的发掘，明确地归结为掌握权力的君臣双方是否服从社会一体化的要求，共同承担道义的责任。无数的历史事实都证明了《周易》的这个看法是一种真知灼见，蕴含着深刻的哲理。

第三，《周易》不仅深刻地揭示了治乱兴衰的规律，而且给人们指明了一条拨乱反正的通变之道。杨万里"参证史事"，把这条通变之道概括为"中正"二字。他在《诚斋易传序》中指出："斯道何道也？中正而已矣！唯'中'为能中天下之不中，唯'正'为能正天下之不正。中正立而万变通，此二帝、三王之圣治，孔子、颜、孟之圣学也。"按照《周易》的爻位说，一卦六爻，第二爻为下卦之中位，第五爻为上卦之中位，爻居中位，是为居中，象征守持中道，行为不偏。初、三、五为阳位，二、四、上为阴位，凡阳爻居阳位，阴爻居阴位，是为得位，得位为正，象征行为合乎阳尊阴卑的等级秩序。这种规定实际上是把"中正"规定为一种普遍适用的制度化的行为准则和价值标准，阴阳双方都应该使自己的行为趋向于这个标准。特别是二、五两爻更应该如此，因为五为君位，二为臣位,君臣能否做到既中且正,直接关系着社会政治秩序的稳定和谐。《周易》认为,无论处于何种形势,是顺境还是逆境,是治世还是乱世,"中正"都是为君之道与为臣之道的共同的行为准则,应该始终坚持,毫不动摇。比如同人卦䷌离下乾上,六二、九五,既中且正,二者志同道合,于同人之时能以正道通达天下之志。如果国家政治遇到危机,处于蹇难之时,阴、阳双方也只有"反身修德",使自己的行为合乎中正的准则,才能和衷共济,渡过难关。蹇卦䷦艮下坎上,山上有水,蹇难之象,但是二、三、四、五,爻皆当位,各履其正,特别是六二、九五,既中且正,相互应和,这就为匡济蹇难准备了有利的条件。从这些说法来看,杨万里把通变之道概括为"中正"二字,是完全符合《周易》的原意的。

就"中"与"正"这两个行为准则相比较而言,"中"比"正"更为重要,因为社会政治系统中的刚柔相应,关键在于二、五两爻之刚中与柔中的互相应和。二为臣位,五为君位,尽管由于客观形势的变化,柔居君位,刚居臣位,产生了九二与六五这种中而不正的配置情形,但是二者互相应和,彼此信赖,六五以柔中之君专任九二刚中之大臣,君臣上下按照"中"的行为准则结为一体,仍然是社会政治系统稳定的基础。比如泰卦䷊乾下坤上,天在下,地在上,象征"天地交而万物通"；九二之刚中与六五之柔中相应，象征"上下交而其志同"。整个形势是大为亨通的。再比如临卦☷☱兑下坤上，九二与六五，中而不正，但是六五之君处于尊位，履得其中，不忌刚长，委贤任能，这种权力结构仍然可以有效地运转。《象传》对六五的这种做法赞扬说："大君之宜，行'中'之谓也。"

除二、五两爻以外，其他各爻不存在中与不中的问题，只有正与不正、有应无应的问题。由于社会政治系统是一个休戚与共的有机整体，其他各爻能否做到"居不失其正，动不失其应"，符合应有的行为准则，对于维护这个有机整体的和谐统一，促使客观形势的转化，也是至关重要的。在《周易》六十四卦中，既济卦☵☲离下坎上，卦中六爻，阳居阳位，阴居阴位，刚柔正而位当，象征尊卑贵贱的等级秩序业已完全理顺，没有丝毫颠倒混乱的现象。初与四、二与五、三与上，阴阳刚柔，彼此相应，象征各种人际关系业已完全协调配合。特别是六二、九五，既中且正，象征社会政治系统完全符合"中正"的原则，是一种最理想最正常的秩序，所以称之为"既济"。"既济"就是万事皆济，所有的事情都已成功。由于这个社会政治系统是一个动态的结构，而不是封闭的体系，在它不断运动变化的过程中，能够完全符合"中正"的情形不是很多的，所以应该根据具体的客观形势，运用伦理的手段，进行有效的调整。调整的目标也就是使之趋于"中正"。从这个意义来说,"中正"就是整个社会政治系统的组织目标。比如未济卦☳坎下离上,是既济卦的反对卦,由既济卦发展而来,卦的六爻,阴居阳位,阳居阴位,刚柔皆不当位,违反了"正"的原则,象征等级秩序受到了破坏,所以称之为"未济",意思是所有的事情都没有成功。在这种情形下,必须进行调整。《周易》认为,调整是可以获得成功的,关键在于未济卦中的刚柔都能互相应和,这是一个极为有利的条件,只要两种对立的势力彼此信赖,能够结合成不相伤害而团结合作的关系,就可以转化形势,把事情办成功。《未济卦·象传》说:"未济,亨,柔得中也。……虽不当位,刚柔应也。"

　　总起来说,《周易》关于治乱兴衰规律的论述,这三个方面是相互联系,融为一体的,其中所蕴含的政治智慧博大精深,具有普遍性的意义。我们应该学习古人的榜样,抱着"以忧患之心,思忧患之故"的精神对这些论述去进行深入的研究。

六、易学与中国伦理思想

(一)《易》为性命之书

《说卦传》中有两段言论对《易》为性命之书作了经典式的论述,后世的易学家往往是根据这两段言论来阐发《周易》为性命之源、圣学之本的思想。《说卦传》说:

> 昔者圣人之作《易》也,幽赞于神明而生蓍,参天两地而倚数,观变于阴阳而立卦,发挥于刚柔而生爻,和顺于道德而理于义,穷理尽性以至于命。
>
> 昔者圣人之作《易》也,将以顺性命之理,是以立天之道曰阴与阳,立地之道曰柔与刚,立人之道曰仁与义。兼三才而两之,故《易》六画而成卦。分阴分阳,迭用柔刚,故《易》六位而成章。

在这两段言论中,"和顺于道德而理于义"、"穷理尽性以至于命"、"将以顺性命之理",是三个最具关键性的命题,对这几个命题的哲学意蕴能有一个全面的准确的理解,就可以举本统末,以简驭繁,把握住《周易》的伦理思想的总纲。

朱熹在和他的学生讨论时,曾反复强调,这几句本是就《易》上说,是作《易》者如此,后来不合将做学者事看。所谓"和顺",不是圣人和顺,而是《易》去"和顺道德而理于义"。如吉凶消长之道顺而无逆,是"和顺道德"也。"理于义",则又极其细而言,随事各得其宜之谓也。"和顺道德",如"极高明";"理于义",如"道中庸"。凡卦中所说,莫非和顺那道德不悖了他。"理于义",是细分他,逐事上各有个义理。"和顺道德而理于义",是统说底;"穷理、尽性、至命",是分说底。"穷理",是理会得道理穷尽;"尽性",是做到尽处。"穷理",是"知"字上说;"尽性",是"仁"字上说,言能造其极也。至于"范围天地",是"至命",言与造化一般。"穷理"是穷得物,尽得人性,到得那天命,所以说道"性命之源"。圣人作《易》,只是要发挥性命之理,模写那个物事。下文所说"阴阳"、"刚柔"、"仁义",便是性中有这个物事。"性命之理",便是阴阳、刚柔、仁义。圣人见得天下只是这两个物事,故作《易》只是模写出这底。

六、易学与中国伦理思想

"顺性命之理",只是要发挥性命之理。"兼三才而两之",兼,贯通也。通贯是理本如此。"两之"者,阴阳、刚柔、仁义也。[①]

仔细玩味以上两段言论,朱熹的解释是符合《说卦传》的原意的。这两段言论都是就圣人作《易》的目的而言的。第一段从手段说到目的,指出圣人有见于天、地、人物阴阳变化之理,于是"生蓍"、"倚数"、"立卦"、"生爻",创造了一套卦爻结构,目的是为了"和顺于道德而理于义,穷理尽性以至于命"。第二段是从目的说到手段,指出圣人为了发挥性命之理,于是设立一卦六爻来模写反映天、地、人三才之道。因此,其中的三个关键性的命题囊括天人,通贯物我,具有普遍的哲学意义,是《周易》的整个阴阳哲学的理论基础,如果仅仅把它们理解为一种道德修养的方法,看作是一种学问之事,那就不够全面准确了。

在先秦哲学中,《周易》的伦理思想之所以独树一帜,既不同于儒家的孔孟,也不同于道家的老庄,主要在于它是以阴阳哲学作为自己的理论基础。儒家的孔孟对人性作了大量的研究,并把人性的本质归结为天命,但却没有认识到天实际上是一个受一阴一阳的规律所支配的自然运行的过程,

---

① 《朱子语类》卷第七十七。

所以在孔孟的思想中，找不到丝毫阴阳学说的痕迹。道家的老庄虽然把宇宙自然看作是由阴阳交通变化所形成的和谐的统一体，但是"蔽于天而不知人"，没有和人性的本质联系起来，而认为"天地不仁"，其本身并不蕴含任何与人的价值理想相关的伦理意义。比较起来，道家主张不以人灭天，不以故灭命，他们的伦理思想有着深沉的宇宙意识而缺少浓郁的人文情怀。儒家主张扩充善端，尽其在我，由尽心、知性到知天，他们的伦理思想则是与道家相反，有着浓郁的人文情怀而缺少深沉的宇宙意识。用朱熹的话来形容，道家的伦理思想"和顺道德"，如"极高明"；儒家的伦理思想"理于义"，如"道中庸"。儒、道两家各有所偏，未能把二者结合起来，融为一个整体。而《周易》的"和顺于道德而理于义"则是一个合天人、通物我的完整的命题，既有深沉的宇宙意识，又有浓郁的人文情怀，是自然主义与人文主义的有机的结合。

再从另一个角度来看，《周易》的伦理思想之所以不同于孔、孟、老、庄，还在于它始终贯彻了一条天人合一的思路，一方面通过人道来看天道，认为宇宙自然的变化日新，化育万物，是天地之大德，人类价值的源泉，蕴含着极为丰富的伦理意义；另一方面参照天道来看人道，强调人应效法天地，根据天地阴阳变化的规律来调整社会人际的关系，确定人们的合理的行为准则。因此，《周易》所说的天道包含了人道的内容，它所说的人道也包含了天道的内容，天与人在"性命之理"上获得了有机的统一，而这个"性命之理"也就是《周易》的伦理思想的理论基础。"性命之理"是统天、地、人而言的，包括天道的阴阳，地道的柔刚，人道的仁义，天、地、人三才都受这个"性命之理"的支配，不仅人有此"性命之理"，天地万物也莫不有此"性命之理"。这是客观外在的宇宙秩序的本然，虽然蕴含着伦理的意义，带有人文主义的色彩，但毕竟是通过人道来看天道，实质上是一个自然主义的范畴。所谓"穷理"，是对此"性命之理"的认知。朱熹认为，"穷理"是"知"字上说。既然是认知，则有主有客，"性命之理"作为一个被认知的客体独立于认知的主体之外，人必须抱着冷静的态度，摒除主观的成见，对"性命之理"进行客观的研究。就这一点来说，与道家的那种冷性的自然主义是相同的。但是，"性命之理"同时也是人性的本质，就外在于人而言称之为"理"，就内在于人而言则称之为"性"。因此，对"性命之理"的把握，不仅要"穷理"，而且要"尽性"。"穷理"是穷得物理，"尽性"是尽得人性。朱熹认为，"尽性"是"仁"字上说。《周易》强调发挥人性的本质做到尽处，这就是儒家的人文主义而与道家的那种纯粹的自然主义不相同了。道家偏于"穷理",儒家偏于"尽性",《周易》把这二者结合起来,则天与人、物与我、主与客、内与外才真正打成一片,融为一个整体。命是天命,也就是宇宙秩序的本然对人的支配作用。朱熹认为,"至命"言与造化一般。如能穷得物理,尽得人性,则个体的行为与天地相似,与造化一般,到得那天命,上升到天人合一的境界。因此,"穷理尽性",即此便是"至命",理、性、命,只是一物,对这几种不同的说法,只有根据贯穿于《周易》整个思想体系之中的《易》道才能获得全面准确的理解。这个《易》道,就是"一阴一阳之谓道"。由于《易》道统贯天人,所以也被称为"性命之源",成为《周易》的伦理思想的理论基础。

"仁义"本是儒家的伦理规范。孔子讲仁多,讲义少,孟子言仁必以义配,但是他们二人从未把仁义提到性命之理的高度,用阴阳哲学来论证。"立天之道曰阴与阳"的思想首先是由道家的老庄提出来的,但是他们二人从未把这个思想与人性的本质联系起来。《说卦传》综合总结了儒、道两家思想的成果,沟通了天人关系,认为天道的阴阳就是人道的仁义,人道的仁义也就是天道的阴阳,合而言之,统属于性命之理,于是仁义这对伦理规范就上升到深沉的宇宙意识的层次，具有极为丰富的哲学含义了。

后世的易学家常常把仁义与阴阳相配，从性命之理的高度来阐发仁义的哲学含义，曾经有过许多不同的说法。比如扬雄说，于仁也柔，于义也刚；周敦颐却以仁为阳，义为阴；朱熹也认为，当以仁对阳。仁若不是阳刚，如何做得许多造化？义虽刚，却主于收敛，仁却主发舒。这也是阳中之阴，阴中之阳，互藏其根之意。[①]王夫之反对这些机械的配法，认为是"拘文牵义"、"辨析徒繁"，根据他的"乾坤并建"的易学思想作了新的解释。王夫之指出，天下无有截然分析而必相对待之物，阴与阳是相合以成，两相倚而不离的，无有阴而无阳，无有阳而无阴。就天地而言，天之有柔以和煦百物，地之有阳以荣发化光，并无判然不相通之理。"拟之以人，则男阳而固有阴，女阴而固有阳，血气荣卫表里之互相为阴阳刚柔，莫不皆然。"仁义与阴阳刚柔的关系也是如此。"仁之严以闲邪者刚也，阴也；慈以惠物者柔也，阳也；义之有断而俭者阴也，刚也；随时而宜者阳也，柔也。"因此，阴阳、刚柔、仁义，虽有分而必有合，"不可强同而不相悖害，谓之太和"。所谓"太和"，也就是"和顺"。"天地以和顺而为命，万

---

① 《朱子语类》卷第七十七、第九十四。

物以和顺而为性。继之者善,和顺故善也。成之者性,和顺斯成矣。""和顺者,性命也;性命者,道德也。"①

王夫之把性命之理归结为和顺,和顺就是阴顺阳,阳顺阴,阴、阳两大对立势力协调共济,相因相成,维持一种必要的张力,构成天人整体的和谐。这种和顺既是大化流行、生生不已的内在的动因,宇宙自然秩序的本然,又是人性本质的关键所在,伦理思想的根本原理。王夫之的解释比朱熹等人更深入了一步,而且也更贴近《周易》的原意。照王夫之看来,性命之理不光是指天道的阴阳,地道的柔刚,人道的仁义,还必须进一步理解其要本归于和顺,才能全面准确地把握这个性命之理所蕴含的思想精髓与价值理想。所谓"天地以和顺而为命,万物以和顺而为性",是说天地万物阴阳的变化不相悖害而和谐统一,归于和顺,这是性命之源。所谓"继之者善,和顺故善也",专就天人接续之际而言。人禀赋此性命之源而有仁义之性,仁义就是阴阳,单有仁不叫做善,单有义也不叫做善,唯有使仁义达到如同天地万物那种和顺的境界,才叫做善。因此,"和顺"二字就是人的道德行为所追求的最高目标,也是判断人的道德行为善与不善的

---

① 《周易外传》卷七,《周易内传》卷五、卷六。

最为根本的价值标准。所谓"穷理",是穷尽得此和顺之理。所谓"尽性",是尽其在我,显发自身所禀赋的仁义之性,以和顺为目标,进行不懈的追求。所谓"至命",是向性命之源的复归,如果穷理尽性做到极处,既成己又成物,不仅使个人身心和顺,而且使社会人际关系也和顺,这就是一个理想的人格,达于至善了。《乾卦·彖传》说:"乾道变化,各正性命,保合太和,乃利贞。"乾道即天道。由于天道阴阳的变化,使万物各得其性命之正,这就是太和,也就是和顺。这虽是宇宙自然秩序的本然,但就人的道德行为而言,必须发挥主观能动性,作一番"保合"的功夫。保谓常存,和谓常和。这番"保合"的功夫,是以太和、和顺的至善为目标的。王夫之的解释之所以高于朱熹等人而更贴近《周易》的原意,就在于他特别指出了这个道德追求的最高目标。

儒家对仁义这对伦理规范曾经有过很多讨论。孟子说:"仁之实,事亲是也;义之实,从兄是也。"[①]《中庸》说:"仁者人也,亲亲为大;义者宜也,尊贤为大。"《礼记·表记》说:"厚于仁者薄于义,亲而不尊;厚于义者薄于仁,尊而不亲。"从这种讨论可以看出,儒家所关注的不仅是对仁义的内

[①] 《孟子·离娄上》。

涵作出规定，而且力图弄清仁与义二者之间的关系。仁的核心是爱，着重于亲亲，义的核心是宜，着重于尊尊，二者虽是最高的美德，但是具体到某一个人身上，并不能恰到好处。有的人仁多义少，有的人义多仁少，只有把仁和义有机地结合起来，才能做到"亲而尊"，避免"亲而不尊"或"尊而不亲"的偏向。儒家的这些看法是有大量的经验事实为依据的，《说卦传》则站在阴阳哲学的高度对这些看法进行了一次理论上的升华，提出了"立人之道曰仁与义"的命题。照《周易》看来，为什么仁与义必须有机地结合而不能有偏，是因为只有如此才能符合囊括天人的性命之理，而性命之理的本质就在于阴与阳、柔与刚、仁与义的和谐的统一。就仁义必须符合客观外在的性命之理而言，《周易》的伦理思想可以说是"他律"的，但是仁义为人性所固有，人发挥自己的本性，由尽性以至于命，就这一方面来看，《周易》的伦理思想又可以说是"自律"的。把"自律"与"他律"融为一体，既强调人应效法天地，按照宇宙自然的秩序来规范自己的行为，又强调人应发扬自强不息的精神，奋发精进，实现自己所禀赋的善性，而要本归于和顺，以"保合太和"作为道德追求的最高目标，这就是《周易》的伦理思想的特色，也是《周易》的伦理思想的总纲。

（二）易学与社会伦理规范

《周易》关于社会伦理规范的思想是围绕着礼的范畴而展开的。《履卦·象传》说：

上天下泽，履。君子以辨上下，定民志。

履卦☰上乾下兑，乾为天，兑为泽。《易传》认为，天在上，泽居下，履卦的这种卦象就象征着社会上尊卑贵贱的等级制度。君子看了这种卦象，应该辨别上下之分，确定正当的行为规范，使人民有所遵循。履的意思是践履，践履应该遵循礼的规范，所以履也就是礼。《序卦传》说：

物畜然后有礼，故受之以履。履者，礼也。

大壮卦的卦象☳是上震下乾，震为雷，乾为天。《易传》解释说：

雷在天上，大壮。君子以非礼弗履。①

---

① 《大壮卦·象传》。

雷震动于天上，声威甚壮，是为大壮。同时，这种卦象也象征着以卑乘尊，壮而违礼。《易传》认为，君子看了这种卦象，应该戒惧警惕，使自己的行为遵循礼的规范，"非礼弗履"。《易传》的这个思想显然是和孔子的"克己复礼"的思想相一致的。孔子说："非礼勿视，非礼勿听，非礼勿言，非礼勿动。"①

但是，《易传》根据阴阳哲学对孔子的这个思想进行了理论上的升华，从天地万物的生成、人伦关系的发展论证了礼的起源和存在的基础。《序卦传》说：

> 有天地然后有万物，有万物然后有男女，有男女然后有夫妇，有夫妇然后有父子，有父子然后有君臣，有君臣然后有上下，有上下然后礼义有所错。

照《易传》看来，天地为万物之本，夫妇为人伦之始。就天地而言，天为阳，地为阴，天在上，地在下，虽有尊卑贵贱之分，但是必须互相感应，交通成和，才成化生万物。因而宇宙的自然秩序是由两个不同的方面共同构成的，一方面是阴阳之分，另一方面是阴阳之合，二者缺一不可。《系辞》

---

① 《论语·颜渊》。

六、易学与中国伦理思想

所谓"天地絪缊，万物化醇；男女构精，万物化生"，把这个意思说得更为显豁。"天地"、"男女"，指的是阴阳之分。"絪缊"、"构精"指的是阴阳之合。正是由于这两个方面的结合，所以自然界呈现出一种秩序井然而又生生不已的运动过程。人类社会的秩序是效法天地的秩序建立起来的，同样也包含着这两个方面。夫为阳，妇为阴，这是阴阳之分。夫妇交合而产生子女，这是阴阳之合。夫妇之所以为人伦之始，是因为有夫妇然后有父子，有父子然后有君臣，有君臣然后有上下，人类社会的各种人际关系都是由夫妇关系派生演化而来的。为了调整稳定各种人际关系，于是建立设置了一套伦理规范，这就是礼的起源。这种礼虽是人为的创设，但却是效法天地，以宇宙的自然秩序作为自己存在的坚实的基础。它不仅强调阴阳之分，而且十分重视阴阳之合。如果人类社会的人际关系只有阴阳之分而无阴阳之合，就会像否卦的卦象所象征的那样，形成否结不通的状态，造成"上下不交而天下无邦"的后果，整个社会失去了联系的纽带，陷入解体了。相反，如果只有阴阳之合而无阴阳之分，就会上下不分，贵贱不明，秩序混乱，社会生活也难以正常运转。

既然夫妇为人伦之始，由夫妇所组成的家庭是社会结构的基本单位，那么处理家庭关系的伦理规范就必须首先体现阴阳之分与阴阳之合的原则,成为其他各种伦理规范的根本。家人卦集中讨论了家庭伦理。家人卦的卦象锂,内卦离为火,外卦巽为风,风自火出,象征风化之本,自家而出。六二为女,女居阴位,九五为男,男居阳位,象征女正位乎内,男正位乎外。《彖传》解释说:

　　家人,女正位乎内,男正位乎外;男女正,天地之大义也。家人有严君焉,父母之谓也。父父,子子,兄兄,弟弟,夫夫,妇妇,而家道正;正家而天下定矣。

就男女开始结为夫妇而言,关键在于阴阳之合。既已结为夫妇而组成家庭,关键则在于阴阳之分。虽然如此,分与合是一种辩证的关系,相反相成,不可割裂。我们可以把咸卦和家人卦作一番比较。咸卦的卦象䷞兑上艮下,兑为少女,艮为少男。《彖传》解释说:

　　咸,感也。柔上而刚下,二气感应以相与,止而悦,男下女,是以亨,利贞,取女吉也。天地感而万物化生,圣人感人心而天下和平;观其所感,而天地万物之情可见矣。

六、易学与中国伦理思想

咸卦集中讨论少男少女如何通过相互之间的感应而结成夫妇。《易传》认为,为了促使阴阳交感得以顺利进行,作为少男的一方必须打破男尊女卑的常规,与女方互换位置,柔上而刚下,男下女,才能取得女方的欢心。反过来看,如果男方片面地强调阴阳之分,不尊重女方,不抱着"以虚受人"的态度去主动地争取女方的喜悦,交感的过程就无法进行。实际上,这是宇宙的普遍规律,谁也不能违反。比如否卦䷋,天在上,地在下,虽然符合天尊地卑的常规,但是"天地不交而万物不通",很不吉利。泰卦䷊与否卦相反,天本在上而居于地之下,地本在下而居于天之上,结果是顺利完成了交感的过程,"天地交而万物通",是个大吉大利的卦。

当男女既已结为夫妇而组成家庭,并且派生出父子、兄弟、夫妇种种复杂的人际关系,就应该按照阴阳之分的原则,建立一种正常的合理的秩序,做到"女正位乎内,男正位乎外",各尽其伦,各尽其职,这也是符合"天地之大义"的。虽然如此,分中仍有合。在一家之内,父母是尊严的家长,如同国之严君一样。父为男,男性刚而动,宜于主持外事,故"男正位乎外"。母为女,女性柔而静,宜于主持内事,故"女正位乎内"。父母的职责尽管不同,却是相互配合,刚柔并济的。这是因为,家庭内部的各种人际关系是一个矛盾的统一体，一方面不能不辨明上下尊卑长幼之序，否则就无从树立家长的权威而使家庭成员失去统率，因而必须强调阴阳之分的原则，治家要严，以敬为主；另一方面，又不能不维护家庭内部感情上的团结，做到和睦融洽，交相爱乐，因而必须重视阴阳之合的原则，治家宜宽，以爱为本。宽与严、爱与敬是相互矛盾的。王弼注《家人卦》说："凡物以猛为本者，则患在寡恩；以爱为本者，则患在寡威。"《易传》为了把这两个方面统一起来，使之无过无不及，所以认为家人之严君既不单单是父也不单单是母，而是父母的共同的配合。母性的慈爱与宽容可以制约父性的威严而不致流入"寡恩"；反过来看，父性的威严又可以制约母性的宽柔而不致流入"寡威"。宽与严、爱与敬的结合，不仅是家庭伦理的规范，也是社会伦理、政治伦理的基础，所以《易传》认为："父父，子子，兄兄，弟弟，夫夫，妇妇，而家道正，正家而天下定矣。"

儒家一贯主张，家齐而后国治，国治而后天下平，家庭伦理是社会伦理与政治伦理的基础，《易传》的这个思想是和儒家完全相通的。但是，《易传》根据推天道以明人事的思路，对儒家的主张作了自然主义的论证，这就把儒家的人文价值理想提高到深沉的宇宙意识的层次，给人们提供了一个全面的辩证的观点。人们在履行伦理规范时，应该同时照

六、易学与中国伦理思想

顾到阴阳之分与阴阳之合两个不同的方面，才能符合"天地之大义"。因此，不能把伦理规范看成僵死的凝固的教条、必须服从的绝对的律令，而应该审时度势，根据各种具体的情况，从相互制约相互依存的角度来全面地理解。比如父慈、子孝、兄友、弟恭、夫义、妇随，这些都是儒家所提出的家庭伦理的规范。《易传》虽然赞同这些规范，但是并不孤立地讨论规范的本身，而是站在更高的层次对家庭关系的整体进行综合的动态的考察，根据它的总的发展趋势提出拨乱反正的调整方案。比如《家人卦·九三》："家人嗃嗃，悔厉吉。妇子嘻嘻，终吝。"《象》曰："家人嗃嗃，未失也。妇子嘻嘻，失家节也。"杨万里在《诚斋易传》中解释说：

> 正家之道，严胜则厉，和胜则溺。嗃嗃而严，严胜也。嘻嘻而笑，和胜也。然严胜者，虽悔厉而终吉，故圣人劝之以未失。和胜者，虽悦怿而终吝，故圣人戒之以失节。九三刚而过中，严胜者也。正家之道，圣人取焉。

实际上，与其和胜，不如严胜，这只是一种不得已而降其次的权变的做法，最合理的正家之道应该是严而不厉，和而不溺，把严与和两个矛盾的方面有机地结合起来而不陷入一偏。朱熹和他的学生也讨论过这个问题。《朱子语类》卷七十二记载：

> 或问："（伊川）《易传》云，正家之道在于'正伦理，笃恩义'。今欲正伦理，则有伤恩义；欲笃恩义，又有乖于伦理，如何？"曰："须是于正伦理处笃恩义，笃恩义而不失伦理，方可。"

但是，由于家庭的各种人际关系在动态的发展过程中复杂多变，只能根据具体的情况追求一种相对的合理性，所以与其和胜不如严胜的做法仍然是可取的。

虽然如此，社会整体的和谐毕竟是伦理思想所追求的最高目标，为了把家庭伦理用于天下国家，使整个社会凝聚为一个和谐的统一体，关键在于推广扩展弥漫于家庭成员中的那种交相爱的骨肉感情。从这个角度来看，那就是与其严胜不如和胜了。《家人卦·九五》："王假有家，勿恤，吉。"《象》曰："王假有家，交相爱也。"杨万里在《诚斋易传》中解释说：

> 正家在政，睦家在德。正人在法，感人在心。使我正人易，使我爱人难。使我爱人易，使人爱我难。使人爱我易，

使人交相爱难。非以德睦之，以心感之，安能使之交相爱乎？九五以乾德之刚明，居巽位之中正，为天下国家之至尊，而爱心感人，巽而入之，此所以感假其家人，以及天下，莫不人人交相爱，勿忧天下之不爱而自吉也。

社会伦理是家庭伦理的推广和扩展。虽然二者在总的原则上是共通的，但是由于社会伦理所要处理的是个人与群体的关系，而不是家庭成员间的血缘关系，所以《易传》强调指出，当从家庭走向社会和同于人之时，必须以大公至正的宽广胸怀，克服偏私狭隘的心理，如果只是"同人于宗"，把自己局限在同姓宗族的狭小的范围之内，那就是鄙吝之道。《同人卦·初九》："同人于门，无咎。"《象传》赞扬说："出门同人，又谁咎也？"初九走出家门而和同于人，说明初九不偏私于家人，与社会成员广泛交往，胸怀宽广，大公至正，是不会有人来责难他的。六二则与初九相反。《象传》严厉谴责说："同人于宗，吝道也。""同人于宗"之所以为吝道，是因为这种只与宗族和同而不与社会和同的封闭的心态，偏私狭隘，破坏了社会的凝聚力，只能引起争斗而不利于团结。《易传》关于社会伦理规范的思想始终是着眼于社会整体的和谐的，反复强调应该按照合乎乾行的中正之道来沟通天下

人的思想。《同人卦·彖传》说:"文明以健,中正而应,君子正也。唯君子为能通天下之志。"程颐在《伊川易传》中解释说:

>天下之志万殊,理则一也。君子明理,故能通天下之志。圣人视亿兆之心犹一心者,通于理而已。文明则能烛理,故能明大同之义;刚健则能克己,故能尽大同之道;然后能中正合乎乾行也。

关于政治伦理,也同样应该履行这种合乎乾行的中正之道。中则不过,指的是阳的行为不能过于刚直,阴的行为不能过于柔顺,而必须合乎中道。正则不邪,指的是阴阳各当其所,行为正直,不相伤害,合乎尊卑有序的原则。很显然,"中"的规范是适应于阴阳交感的要求,"正"的规范是适应于等级秩序的要求,二者都是从既有阴阳之分又有阴阳之合的家庭组织与社会结构中自然引申出来的,因而也是政治伦理的基础。如果阴阳双方的行为不中,便无从完成交感,组建社会;如果行为不正,就会贵贱不分,尊卑不明,失去应有的节制。因此,阴、阳双方的行为是否中正,直接关系到政治的稳定,社会的和谐。

照《易传》看来,尽管家庭伦理、社会伦理、政治伦理

六、易学与中国伦理思想

所处理的关系不相同,具体的行为规范存在着差异,但是,同时照顾到阴阳之分与阴阳之合的中正之道却是普遍适用的。因为只有这种中正之道才合乎乾行。乾行即天行,也就是天道的自然规律。《易传》反复强调,人类社会的伦理规范都是取法于天道的。天道不仅以其一阴一阳的运行规律给人们启示了中正之道,而且以其生生不已、变化日新的总体特征给人们启示了元、亨、利、贞四德。元者万物之始,给人们启示仁的美德。亨者万物之长,给人们启示礼的美德。利者万物之遂,给人们启示义的美德。贞者万物之成,给人们启示智的美德。仁、义、礼、智,这都是儒家的基本伦理规范,孟子只从人心之四端来论证,认为"恻隐之心,仁之端也;羞恶之心,义之端也;辞让之心,礼之端也;是非之心,智之端也。人之有是四端也,犹其有四体也"[①]。《易传》则把这几种伦理规范提到天道的运行、万物的生成、四时的推移的高度来论证,这就给人们提供了一个推天道以明人事的新的思路,可以更加全面地来理解它们,更加自觉地根据自然的和谐来谋划社会的和谐了。《乾卦·文言传》说:

---

① 《孟子·公孙丑上》。

元者，善之长也。亨者，嘉之会也。利者，义之和也。贞者，事之干也。君子体仁足以长人，嘉会足以合礼，利物足以和义，贞固足以干事。君子行此四德者，故曰"乾：元，亨，利，贞"。

元、亨、利、贞虽为四德，而统之者则为一。这个"一"即贯穿于天、地、人三才之道的总规律，也就是《易》道。这个《易》道以乾健为统率，以坤顺为从属，既有阴阳之分，又有阴阳之和，协调并济，共同构成天人整体的和谐，因而元、亨、利、贞四德是和中正之道完全相通的。王夫之在《周易内传》中对此作了很好的解释。他说：

仁、义、礼、信，推行于万事万物，无不大亨而利正，然皆德之散见者，《中庸》所谓"小德"也。所以行此四德，仁无不体，礼无不合，义无不和，信无不固，则存乎自强不息之乾，以扩私去利，研精致密，统于清刚太和之心理，《中庸》所谓"大德"也。四德尽万善，而所以行之者一也，乾也。故曰"乾元亨利贞"，唯乾而后大亨至正以无不利也。

王夫之不以智配贞而以信配，认为智行乎四德之中，依于四德而无专位,这种解释也有一定的道理。但是,无论是仁、义、礼、信或是包括仁、义、礼、智、信在内的五常,在王夫之看来,都是一些具体的伦理规范,是"德之散见者",属于低级层次,只能称作"小德"。至于如何把这些具体的伦理规范"统于清刚太和之心理",使之在履行的过程中无所偏失而恰到好处,做到"仁无不体,礼无不合,义无不和,信无不固",那就需要着眼于整体和谐的"大德"来作原则性的指导,而所谓"大德"也就是自强不息、刚健中正的天道。王夫之认为,"四德尽万善,而所以行之者一也,乾也"。这个分析是符合《易传》的推天道以明人事的根本精神的。

(三)易学与道德基本原则

清代易学家惠栋在《易汉学》中指出:

《易》道深矣,一言以蔽之曰:时中。孔子作《彖传》,言时者二十四卦。(乾、蒙、大有、豫、随、观、贲、颐、大过、坎、恒、遯、睽、蹇、解、损、益、姤、革、艮、丰、旅、节、小过。)言中者三十五卦。(蒙、需、讼、师、比、小畜、履、同人、大有、临、观、噬嗑、无妄、大过、坎、离、睽、蹇、解、益、姤、萃、升、困、井、鼎、渐、旅、巽、兑、涣、节、中孚、小过、既济、未济。)《象传》言时者六卦。(坤、蹇初六、井、革大象、节、既济。)言中者三十八卦。(坤、需二五、讼、师二五、比、小畜、履、泰、同人、大有、谦、豫二五、随、蛊、临、复、大畜、坎二五、离、恒、大壮、晋、蹇、解、损、夬二五、姤、萃、困二五、井、鼎、震、艮、归妹、巽二五、节、中孚、既济、未济。)其言时也，有所谓时者，待时者，时行者，时成者，时变者，时用者，时义、时发、时舍、时极者。其言中也，有所谓中者，中正者，正中者，大中者，中道者，中行者，行中者，刚中、柔中者。而《蒙》之《象》则又合时中而命之。盖时者举一卦所取之义而言之也，中者举一爻所适之位而言之也。时无定而位有定，故《象》多言中，少言时。然六位又谓之六虚，唯爻适变，则爻之中亦无定也。位之中者，唯二与五。……知时中之义，其于《易》也思过半矣。①

惠栋是一位严谨的易学家，他根据《易传》原文中的一系列确凿可信的例证，把《易》道的精神归纳概括为时中之义，

---

① 《清经解续编》卷一四五。

六、易学与中国伦理思想

是完全符合实际的。而这个时中之义也就是《易传》用来调整道德行为、履行伦理规范的基本原则。

严格说来,所谓"时中",并不是一种规范,而是一种方法。这个方法强调人应该随时随地根据客观环境的变化以及自己具体的处境来调整道德行为,履行伦理规范。我们已经指出,《易传》对伦理规范的论述,诸如仁、义、礼、智、信等等,并不是孤立地就这些规范本身作出概念上的规定,而始终是立足于阴阳哲学的高度来探索它们之间的内在的联系。拿仁与义这两个规范来说,单有仁不叫做善,单有义也不叫做善,唯有使仁义达到天地万物那种和顺的境界,才叫做善。和顺是由阴阳之分与阴阳之合两个不同的方面所构成的,是阴与阳的最佳的配合,无过无不及,恰到好处,完全符合宇宙本然的秩序,也就是所谓中。但是,由于宇宙的本然的秩序不是一个静态的结构,而是一个动态的过程,无论天地万物还是社会人生,都是生生不已,变化日新,呈现出一种具体的时运,因而此时之中不同于彼时之中,中必须与时结合起来,顺时而动,动而得中,才能达到和顺的境界。中与时的结合,也就是常与变的辩证的统一,这是《易传》所确立的道德基本原则。

在《易传》的思想体系中,"时"是一个极为重要的范畴。

历代的易学家都十分重视这个范畴，常常是通过对时的深入理解来把握《易》道的精神。比如王弼指出：

夫卦者，时也；爻者，适时之变者也。夫时有否泰，故用有行藏；卦有小大，故辞有险易。一时之制，可反而用也；一时之吉，可反而凶也。故卦以反对，而爻亦皆变。是故用无常道，事无轨变，动静屈伸，唯变所适。①

再比如，程颐指出：

看《易》，且要知时。凡六爻，人人有用。圣人自有圣人用，贤人自有贤人用，众人自有众人用，学者自有学者用，君有君用，臣有臣用，无所不通。②

时是指客观环境，用是指主体行为。主体的行为是否正当，并不完全决定主体行为的本身是否符合伦理的规范，而主要决定于是否适应客观环境的需要，采取适时之变的对策。因

---

① 《周易略例》。
② 《河南程氏遗书》卷第十九。

六、易学与中国伦理思想

此,尽管客观环境有利,处于吉时,如果行为主体思想僵化,拘泥死板,不知时务,不达权变,逆时而动,也会导致凶的后果。反之,环境不利而举措得宜,能够化凶为吉,"一时之制,可反而用也"。《易传》反复强调,不能脱离客观环境的变化来看人们的行为,判断行为正当与否,"时"具有决定性的意义。《艮卦·象传》说:"时止则止,时行则行。动静不失其时,其道光明。"

《周易》六十四卦,每一卦代表一种时,这种时是总揽全局的,每一个行为主体都受这种一时之大义的支配。但是,一卦六爻,爻居其位,犹若人遇其时,这种爻居其位之时是更为具体的处境。所以人的行为既要适应总的形势,也要考虑到具体的处境。拿乾卦来说,总的形势是大吉大利,象征纯刚至健的君德向上的发展,但是,卦中六爻,各有不同的具体的处境,其行为模式和准则也就有很大的不同。初九潜龙勿用,有龙德而穷居于下位,在此处境中,不可轻举妄动,不必追求功名成就,而应致力于磨炼自己的意志,坚定自己的信念,隐遁晦养,等待时机。九二见龙在田,虽未居君位而时运通达,在此处境中,应谨言慎行,防止邪恶,存心真诚,为社会做出了贡献不必自夸,致力于用自己博大的道德力量去感化人。九三重刚而不中,上不在天,下不在田,处境危险,则应振作精神，时刻警惕，进德修业，忠信诚挚，做到居上位而不骄，在下位而不忧，这就即使面临危险也能免遭咎害。九四的处境和九三同样，上下无常，所以也应进德修业，临事而惧，因时制宜，以免遭咎害。九五飞龙在天，以君德而居君位，是建功立业的大好时机。在此处境下，应凭借自己的德与位化成天下，按照自然的和谐的规律来经营谋划社会群体的和谐。上九居一卦之上，贵而无位，高而无民，虽有贤明的属下，却得不到他们的辅佐，是一种动而有悔的处境。此时应像圣人那样，深知进退存亡之道，居安思危，行为不偏，避免因穷极所带来的灾难。

由此可见，《易传》关于时的思想，其着眼点在于联系到客观环境和具体处境的发展变化，来全面地评价人的道德行为是否正当，追求一种相对的合理性。按照这个思想，就不存在什么一成不变的固定的伦理规范，时行则行，时止则止，只有随时与否才能作为衡量的标准。这是一条变的原则，也就是灵活性的原则。虽然如此，《易传》并不否定伦理规范的重要性。因为变中自有不变，灵活性应受原则性的制约。如果完全取消伦理规范的价值取向，与时俯仰，随波逐流，以致同流合污，那就根本谈不上有什么道德行为了。所以《易传》除了强调时以外，还强调一个中。中是常的原则，也就

六、易学与中国伦理思想

是原则性的原则。《蒙卦·彖传》说:"蒙,亨。以亨行,时中也。"蒙卦的卦象是山下有险,出而受阻,形势并不有利。但是就其总的发展趋势来看,却是亨通畅达的。其所以如此,是因为主体能够把时与中这两个原则有机地结合起来,使自己的道德行为符合时中之义。

一般说来,儒家的伦理思想偏于强调中的原则,道家的伦理思想偏于强调时的原则。由于各有所偏,所以儒家往往把伦理规范的制约作用强调得过了头,带有一种绝对化的倾向;而道家也往往把与时俯仰的思想强调得过了头,带有一种相对化的倾向。其实,时与中两者对于一个完整的伦理思想来说,都是不可缺少的,儒家并非不讲时,道家也并非不讲中。比如庄子所说的"材与不材之间","得其环中,以应无穷",讲的就是中。孟子称孔子为"圣之时者也",《礼记·礼器篇》所说的"礼,时为大",讲的就是时。这种情况说明,儒、道两家尽管各有所偏,但在探索的过程中,都在朝着互补的方向转化,偏于时者不得不讲中,偏于中者也不得不讲时。《易传》站在阴阳哲学的高度,综合总结了儒、道两家的探索成果,提出了时中的思想,这就使人们在履行伦理规范、调整道德行为时,能够有一个全面的观点,既要避免绝对化的倾向,也要避免相对化的倾向。

《易传》的这种"时中"的思想把道德行为看作是一种人与环境和谐共振的关系,一种以时间、地点、条件为转移的动态的过程,因而对人的行为的评价,既有常例,也有变例。就常例而言,得位为吉,失位为凶,有应为吉,无应为凶;但是,也有得位而反凶、失位而反吉、有应而反凶、无应而反吉的情况。《易》中之辞,大抵阳吉而阴凶,间亦有阳凶而阴吉者。刚不必善,柔不必恶,刚柔皆有善恶。刚得中为刚善,过则为刚恶;柔得中为柔善,过则为柔恶。在《易传》中,中与正也并不是一个绝对的标准,比如屯卦六二,既中且正,但是由于六二下则逼于初之刚而乃为己之寇,上欲亲于君之应而有近之嫌,所以结果并不吉利。就中与正两个标准相比较而言,中德一般是比正更重要,因为六爻当位者未必皆吉,而二五之中,则吉者独多。但是《易传》有时又强调正比中更重要。比如蹇卦䷦艮下坎上,山上有水,蹇难之象,象征国家政治遇到危机,处于蹇难之时。王弼解释此卦说:"爻皆当位,各履其正,居难履正,正邦之道也。正道未否,难由正济,故贞吉也。遇难失正,吉可得乎?"

总之,《易传》关于道德原则的思考,其根本目的在于使人的主体行为符合性命之理。这个性命之理既是天地万物的外在的秩序,又是人的内在的本性。一方面是调适畅达,和谐统一，常住不变；另一方面又是流转推移，生生不已，变化日新。就其变者言之谓之时，就其不变者言之谓之中，因而所谓性命之理本身就蕴含着时中之义。从这个角度来看，人们在调整道德行为、履行伦理规范时，究竟何时该用常例，何时该用变例，也就有了一个更高层次的指导原则了。这个原则就是自觉地承担道义的责任，在客观环境的动态的发展过程中，采取适当的对策以促进社会整体的和谐。如果常例能够达到和谐的目的，那么遵循常例的行为就是正当的。如果情况变化，则应因时制宜，变而求通，援引变例以求达到目的，这种变通的行为也是正当的。《易传》所确立的这条道德原则以社会整体和谐为目的，强调人的道义责任，把目的与道义、动机与效果、原则性与灵活性种种不同的方面综合为一个整体，对中国伦理思想产生了极为深远的影响。

（四）易学中的人性论

易学中的人性论在先秦各家中独树一帜，既不同于儒家的孟荀，也不同于道家的老庄。《系辞传》说：

一阴一阳之谓道，继之者善也，成之者性也。仁者见之谓之仁,知者见之谓之知,百姓日用而不知,故君子之道鲜矣。

这一段言论对易学的人性论作了经典式的表述,我们可以通过一系列的比较来把握它的特质。

首先与孟荀相比较。荀子主张性恶论,而《易传》则明确地主张性善论,二者在人性论上是对立的。《易传》的性善论虽然和孟子相一致,但是从哲学基础上来看,又是根本对立的。孟子把性善说成是人们的内心所固有的,《易传》却从天道阴阳变化的规律上找根据。

其次与老庄相比较。老庄把人性归结为自然本性,认为这种自然本性无善无恶,不仅不蕴含任何伦理的意义,而且与人为强加的善恶根本对立。《易传》虽然承认人性来源于天道阴阳的变化,是一种自然本性,与老庄相一致,但却认为人所承继于天道的自然本性具有伦理的意义,本质为善,这就与老庄有很大的不同。

人性论的主题是探讨人在宇宙中的地位以及人之所以为人的本质。一般而言,道家往往是站在宇宙的高度来俯瞰人,把宇宙的伟大和人的渺小进行对比。比如庄子曾说:"眇乎小哉,所以属于人也;謷乎大哉,独成其天。"[①] 既然宇宙

[①] 《庄子·德充符》。

六、易学与中国伦理思想

比人伟大，所以道家认为人之所以为人的本质不在于仁义礼乐的人为的造作，而在乎禀受于宇宙的自然本性。儒家与道家相反，强调"人最为天下贵"的伟大，可以与天地并立而为三。人之所以伟大，是因为人具有与禽兽相区别的道德属性（孟子），或者具有能以礼义组合社会群体的能力（荀子），因而人的本质规定不是自然本性，而是人文价值。实际上，人一方面作为宇宙的一个组成部分，另一方面又是万物之灵，既有自然本性，又有人文价值的规定。从这个角度来看，儒、道两家的人性论可以说是各有所见，也各有所偏。道家有见于人的自然本性而否定了人文价值的规定，"蔽于天而不知人"。儒家过分强调了人文价值的规定而忽视了人的自然本性，蔽于人而不知天。《易传》取儒、道之所长而去其所短，综合总结了两家的探索成果，从而沟通了天人关系，把自然主义和人文主义有机地结合起来，它的人性论思想的特色主要表现在这里。

所谓"一阴一阳之谓道"，这个道是统天、地、人物而言的。"继之者善也，成之者性也"，善、性则专就人而言。道大而善小，善大而性小，道生善，善生性，这是一个生成的系列，也是一种统属的关系。天地人物，莫不有阴阳，莫不受道的支配，人作为其中的一个组成部分，是隶属于宇宙之全体的。

但是，人物有性，天地非有性，而人之性与物之性又不相同。其所以如此，是因为物之性乘大化之偶然，阴阳的搭配组合不是恰到好处，合适得当，而人之性则合一阴一阳之美，成为万物之灵。具体说来，人性中的一阴一阳之美就是"立人之道曰仁与义"。物之性不具有仁与义的属性，而人之性却有此本质的规定，因而人性比物性高了一个层次，人成为万物之灵，最为天下贵。但是，人性是由物性发展而来，物性又是由天地之道发展而来，统天地人物都是一阴一阳之道，追本溯源，人所独有的仁义之性其实就是天、地、人物所共同具有的一阴一阳。按照《易传》的这个思想，人既有自然本性，又有社会属性，二者并不像儒、道两家所理解的那样，形成一种相互排斥的关系，而是有机地结合在一起的。

天人之间的沟通，关键在一个继字。继是继承、继续，继之则善，不继则不善。就天道之阴阳而言，无所谓善与不善，物之性乘大化之偶然，也无所谓善与不善，唯有人能自觉地继承天道之阴阳，使之继续不断，所以才叫做善。如果人有所不继，这就产生恶了。老庄只看到人之性禀受于天道以及与物之性相同的一面，从而断言人之性无善无恶；孟子只看到继之者的一面，从而断言"人无有不善"；荀子只看到人有所不继的一面，从而断言"人之性恶而善者伪也"。照《易

六、易学与中国伦理思想

传》看来，这些说法固然各有所见，不是毫无道理，但都带有一定的片面性，不能全面地把握人性的本质。

"继之者善也"，是就本源的意义而言的，"成之者性也"，则突出了主体性的原则。如果人不继承天道之阴阳，就没有本源意义的善。如果人不发挥主观能动性去实现此本源意义的善，就不可能凝成而为性。《系辞传》指出："成性存存，道义之门。"所谓"存存"，就是存其所存，存乎人者，因而存之，使本源意义的善不致于丧失而变为自己的本性，这就是进入道义的门户，完成德业的根本。由此可见，《易传》的人性论思想一方面强调人性来源于天道，其本质为善，同时又强调人应从事后天的道德修养，以自强不息的精神使自己的本性完满地实现。

就本源的意义而言，人无有不善，这是普遍的人性，对于任何人都是适用的。但是就实际的表现而言，则有不同的程度之差。把人性实现得完满无缺的最高典范是圣人。《乾卦·文言》指出："夫大人者，与天地合其德，与日月合其明，与四时合其序，与龟神合其吉凶，先天而天弗违，后天而奉天时。"这是一种天人合一的境界，虽然表现为既仁且智，尽善尽美，开物成务，参赞化育，其实并不外在于人性，无非是人性的一种完满的实现而已。其次，则各有所偏，"仁者见之谓之仁，知者见之谓之知"。至于普通百姓，则昧然不觉，习焉不察，日用而不知。等而下之，则有小人之为恶。虽然如此，牿亡之后犹有存焉，其本源之善并不因其为恶而荡然无存。

总之，《易传》的人性论由道、善、性三个基本概念构成一个完整的体系，只有根据这三者的相互联系才能把握它的特质。王夫之指出："故专言性，则三品、性恶之说兴；溯言善，则天人合一之理得；概言道，则无善、无恶、无性之妄又嬉矣。"[①] 照王夫之看来，如果把道、善、性三者割裂开来看，就会推导出一些片面性的看法。道为善、性之所自出，但不可把善、性完全归结为道。如果完全归结为道，就会推导出"人之性犹牛之性，牛之性犹犬之性"的结论，断言性无善无恶；再进一步就会推导出"天地与我同根，万物与我共命"的结论，从根本上否定性的存在了。道家的人性论思想的片面性就是由此而来的。脱离了道与善而专言性也是不行的，因为性的实际的表现有不同的程度之差，荀子只看到恶的一面而主张性恶，董仲舒、韩愈等人看到有善、中、恶三个层次而主张性三品，这些看法割裂了性与天道的关系，忽视性的本源的意义。至于专言善而不追溯善之所自出，

---

① 《周易外传》卷五。

也是不行的，因为继之者善，不继则不善，道生善，善生性，只有着眼于这种天人之次序，才能把握天人合一之理，全面地理解《易传》的人性论的思想。

《易传》的这种人性论的思想既肯定了人的自然本性，又肯定了人之异于禽兽的社会属性，既像孟子那样主张人之性善，又像荀子那样主张"善不积不足以成名，恶不积不足以灭身"[①]，加强后天的积累以为善去恶，虽然不同于老、庄、孟、荀，实际上却是对他们的人性论思想的一种高层次的整合。

（五）易学中的义利、理欲之辨

利与欲是人的自然本性，义与理是人的社会属性。《易传》既然认为人性同时包含着自然本性和社会属性两个方面，彼此不存在矛盾，所以也把义和利、理和欲看作是统一的。

《乾卦·文言》："利者，义之和也。""利物足以和义。"这是《易传》关于义利关系的经典式的表述，历代易学家对此作了很多解释，阐发了不同的理解。朱熹曾说：

[①] 《系辞》。

"利物足以和义",此数句最难看。

伊川说"利物足以和义",觉见他说得糊涂。如何唤做和合于义?

苏氏(老苏)说"利者义之和",却说义惨杀而不和,不可徒义,须着些利则和。如此,则义是一物,利又是一物;义是苦物,恐人嫌,须着些利令甜,此不知义之言也。义中自有利,使人而皆义,则不遗其亲,不后其君,自无不利,非和而何?①

朱熹不满意程颐的解释,批评了苏洵的理解,而对自己的"义中自有利"的说法又不完全自信,认为"此数句最难看",说明《易传》的这两个命题,文约义丰,要想全面地把握其中的意蕴,不是一件容易的事。

宋人俞琰试图把义与利统一起来,作了一个较为详尽的解释。他说:

利与义皆训宜。利自义中来,义安处便是利,非义之外别有利也。大凡利于己不利于物,则为悖于义而不和,岂所

---

① 《朱子语类》卷六十八。

宜哉？盖唯利物而不以己害物，则足以和于义而不悖，斯得其宜。故曰"利物足以和义"。

利者，宜也。利而无有乖戾，故曰"义之和"。……君子不以利为利，而以义为利也。①

这种解释实际上是沿袭了程朱的思路，认为"义中自有利"，表现了儒家重义轻利的倾向，并不符合《易传》的本义。就原文的本义而言，《易传》是用义利互训的方法，认为利就是义，义就是利，凡是行事得宜而合乎义的行为必然能给人们带来利益，凡是能给人们带来利益的行为必然合乎义的规范。因而《易传》的这个思想同时包含了道德义务论和功利主义两种倾向：一方面把利归结为义；另一方面又把义归结为利，不完全同于儒家，而与墨家有着很大程度的类似。儒家都是重义而轻利的。比如孔子认为："君子喻于义，小人喻于利。"②孟子认为："王何必言利，亦有仁义而已矣。"③儒家把承担道德义务、履行伦理规范置于首位，反对计较功利。墨家恰恰相反，把功利的目的置于首位，认为判断人的行为

---

① 《周易集说》卷二十六。
② 《论语·里仁》。
③ 《孟子·梁惠王》。

是否正当,重要的标准是看这种行为是否于国家百姓有利。《墨子·经上》说:"义,利也。"这个定义是和《易传》的思想相吻合的。后世的儒家学者往往只知其一,不知其二,片面地强调道德义务论的倾向,忽视或者排斥功利主义的倾向,所以在解释《易传》的这两个命题时,总是失之于偏,不能全面地把握其中的意蕴。

从发生学的角度来看,《易传》的功利主义的思想倾向渊源于《易经》。《易经》本为卜筮之书,属于巫术文化范畴。卜筮巫术带有强烈的实用性、功利性。人们为了实践上的需要,迫切关心自己的行为所带来的后果,于是通过卜筮来进行预测,作出估计和决定,判断行为的标准在于是否达到预定的功利目的。因此,《易经》的卦爻辞,其用在告人以休咎,而且着眼于功利对休咎有着极为精确的计算。《易传》作为一部解经之作,虽然把《易经》的巫术文化转化成为以哲学理性为特征的人文文化,但是,巫术文化中的那种实用性和功利性的思想倾向,却是完全继承下来了。《易传》反复强调,《周易》是一部指导人们趋吉避凶的行为参考书,而行为之是非得失则根据行为所带来的后果来判断,为了判断准确,应该对利害作出精确的计算,两利相权取其大,两害相权取其小。《系辞》说:

六、易学与中国伦理思想

《易》有四象,所以示也。系辞焉,所以告也。定之以吉凶,所以断也。

爻也者,效天下之动者也,是故吉凶生而悔吝著也。

是故吉凶者,失得之象也。悔吝者,忧虞之象也。

吉凶者,言乎其失得也。悔吝者,言乎其小疵也。无咎者,善补过也。

圣人立象以尽意,设卦以尽情伪,系辞焉以尽其言,变而通之以尽利。

损以远害,益以兴利。

但是,《易传》的实用性和功利性的思想倾向毕竟不同于卜筮巫术。在《易经》中,表示休咎的词语触目可见,却没有出现一个义字,说明卜筮巫术只关心行为的后果是否与己有利,不考虑行为对群体的影响,是否符合社会公正的原则。而《易传》则引进了伦理规范和道德义务的思想,从天下之公利和一己之私利的角度明确地区分了君子和小人。《系辞》说:

小人不耻不仁,不畏不义,不见利不劝,不威不惩。小惩而大诫,此小人之福也。

小人以小善为无益而弗为也,以小恶为无伤而弗去也,故恶积而不可掩，罪大而不可解。

禁民为非曰义。

小人"不见利不劝"，是说小人如果不看见利益就不会劝勉行善。但是，小人对利益的追求往往违反了社会共同的行为准则，不耻不仁，不畏不义，以致走上罪恶的道路，对社会产生了破坏性的影响。因此，必须用义的规范来制约。这种制约只是"禁民为非"，把他们对利益的追求引向对社会产生良好影响的正道，而不是根本否定他们对利益的追求。《易传》认为，这种"禁民为非"的做法把小人之私利和社会之公利结合起来，归根到底是"小人之福"，也就是义。君子与小人不同，始终是以社会之公利作为自己的追求目标,即"吉凶与民同患"，这种行为当然是合乎义的。由此看来，《易传》判断行为的标准除了功利的原则以外，又引进了义与不义的原则，即道德义务的原则。

《易传》认为，这种道德义务的原则是必须恪守的，应该加强道德修养，使之变为自觉的行动。《乾卦·文言》说："知至至之，可与几也。知终终之，可与存义也。"《坤卦·文言》说："君子敬以直内，义以方外。敬义立而德不孤。"但是，恪守道德义务本身就能达到功利的目的，义与利并不像儒家所理解的那样，相互排斥，彼此矛盾。因此，《易传》往往是同时用义与利两个原则来衡量人的行为。比如《解卦·初六象》说："刚柔之际，义无咎也。"《鼎卦·九三象》说："鼎耳革，失其义也。"《渐卦·初六象》说："小子之厉，义无咎也。"《旅卦·九三象》说："以旅与下，其义丧也。"《既济卦·初九象》说："曳其轮，义无咎也。"这些说法的中心思想就是认为义中自有利，不义则不利。前文所引述的朱熹、俞琰对《易传》的解释即据此而来，并非毫无凭依。

这样说来，义就是利，利就是义，儒家只看到前者而没有看到后者，墨家用"贵义"、"重利"两个命题把义与利统一起来，是与《易传》的这个思想相一致的。但是，如果我们提到哲学的层次作进一步的考察，可以看出，《易传》与墨家也有很大的不同。《墨子·贵义》说："万事莫贵于义。……凡言凡动，利于天鬼百姓者为之。凡言凡动，害于天鬼百姓者舍之。凡言凡动，合于三代圣王尧舜禹汤文武者为之。凡言凡动，合于三代暴王桀纣幽厉者舍之。"墨家的理论基础是所谓"三表法"，判断行为的标准除了功利的原则以外，还有历史上的圣王之事以及虚幻的天鬼之志，这三个标准并没有在逻辑上构成一个完整的体系。而《易传》则把义与利统一在阴阳哲学的理论基础之上，比墨家要高了一个层次。

我们再仔细体会一下，《易传》的两个命题，"利者，义之和也"；"利物足以和义"。其中，两次都提到"和"字。和就是和顺，阴、阳两大对立势力协调共济，相因相成，阴顺阳，阳顺阴，构成天人整体的和谐，义与利就统一于此整体的和谐之中。《易传》是在阐发元、亨、利、贞四德时讨论义与利的关系的。元者万物之始，亨者万物之长，利者万物之遂，贞者万物之成。元、亨、利、贞四德作为一个相互联系的整体，既表明大化流行、生生不已的自然的和谐，也给人类社会启示了四种伦理规范，即仁、礼、义、智（或信），而要本归于和顺。《乾卦·文言》说："乾始能以美利利天下。不言所利，大矣哉！"乾元之伟大在于以美利利天下，其所利之物无所不包，这就是所谓"利物足以和义"。因而利就是义，义就是利，不能利物则不足以和义，不能和义则根本谈不上利物，这是一个统贯天人的总的规律，揆之万事万物，莫不皆然。

关于理与欲的关系，《易传》也是根据这个指导思想来处理的。利是就行为的效果而言的，利必合于义。欲是就行为的动机而言的，欲必合于理。王弼在《周易注·解卦六二》中指出："义，犹理也。"义就是理。这个理即囊括天、地、人三才之道的"性命之理"，而"性命之理"的本质在于和顺。《易传》并不否定人有爱恶之欲，只是强调爱则相取，恶则相攻，相取则阴阳和顺而合于理，相攻则阴阳冲突而悖于理。《系辞》说："变动以利言，吉凶以情迁。是故爱恶相攻而吉凶生，远近相取而悔吝生，情伪相感而利害生。凡《易》之情，近而不相得，则凶，或害之，悔且吝。"社会的动乱冲突都是由彼此相恶引发出来的，只有彼此相爱，社会人际关系才能团结合作，协调稳定。《损卦·象传》说："山下有泽，损。君子以惩忿窒欲。"这种忿欲是一种彼此相恶之欲，必须惩止窒塞，防微杜渐。至于彼此相爱之欲是合乎性命之理的，应该发扬光大，以促进社会整体的和谐。因此，易学中的义利、理欲之辨，都是站在阴阳哲学的高度来考察，表现了鲜明的理论特色。

（六）易学与道德修养

　　《周易》既强调人应效法天地，按照宇宙自然的秩序来规范自己的行为，又强调人应发扬自强不息的精神，奋发精进，实现自己所禀赋的善性，这种伦理思想既是"他律"的，又是"自律"的。易学关于道德修养的论述，总体上就贯穿了这种"他律"与"自律"相结合的精神。《系辞》说：

夫《易》，圣人所以崇德而广业也。知崇礼卑，崇效天，卑法地，天地设位而《易》行乎其中矣。成性存存，道义之门。

"崇效天，卑法地"是"他律"，"成性存存，道义之门"是"自律"。《易传》把"自律"与"他律"融为一体，这种独特的思路是以统贯天、地、人的三才之道为理论基础的。

先秦时期，孟子主张"自律"而反对"他律"，荀子则恰恰相反，主张"他律"而反对"自律"。其所以如此，是因为他们对人性问题的理解有着根本性的分歧。孟子认为，人之性善，道德观念完全是天赋的，不学而能，不虑而知，与生俱来，为人心所固有，因此，道德修养不必向外追求，只要作一番扩充存养的内省功夫，就可以由尽心以知性，由知性以知天。荀子则从"明于天人之分"的思想出发，认为人之性恶，"凡礼义者，是生于圣人之伪，非故生于人之性也"[①]。因此，荀子把道德修养看作是一个"化性起伪"的过程，即通过后天的学习积累，用客观外在的礼义来改造人性。究竟道德是为人心所固有，还是客观外在的呢？由于道德和人们的具体行为联系在一起，本质上是主观和客观的统

[①] 《荀子·性恶》。

六、易学与中国伦理思想

一,既不能单纯解释为个人的内心世界,也不能完全看作是由外界所规定的一套规范的总和。孟子和荀子割裂了这种关系,强调一方面而否定另一方面,因而关于道德修养的主张,各有所见,也各有所偏。孟子主张"自律"而反对"他律",就其强调发挥主体的高度自觉而言是有道理的,但不能解释只在扩充存养上下功夫而不用客观准则来衡量,何以自然合乎礼义。荀子主张"他律"而反对"自律",就其强调只有用客观准则来衡量才能合乎礼义而言是有道理的,但不能解释礼义既然与人性相违反,何以人必须忍受这种外在的强制,用礼义来伤害扭曲自己的本性。

《易传》用一阴一阳之道统贯天、地、人。就天道之阴阳、地道之柔刚而言,是客观外在的自然律,就人道之仁义而言,这种自然律却是植根于内在的人性,成为人性的本质。因此,《易传》认为,"继之者善也,成之者性也",人之善性不是一个静态的结构,而是"继之"与"成之"的动态的过程。"继"是承继接续的意思,"之"是指一阴一阳之道,即客观外在的自然律。继之则为善,不继则不善,所以人必须自觉地去承继接续这种客观外在的自然律,使之变为自己的主观内在的善。"成"是凝结实现的意思,"之"是既指客观外在的自然律,也指主观内在的善,成之则为性,不成则不能凝结实现人之所以为人的本质,所以人必须高度发挥主观能动性,加强道德修养,以进入"道义之门"。《易传》的这个思想,通天人,合内外,把发挥主体自觉的"自律"道德和遵循客观准则的"他律"道德融为一体,与孟、荀相比较,可以说既综合了二家之所长,又避免了二家之所短。

由于重视"他律",所以《易传》认为,道德修养应以天地自然为效法的对象,以客观外在的伦理规范为衡量的准绳,以后天的学习积累为修养的功夫。《系辞》所谓"知崇礼卑,崇效天,卑法地",是说智与礼两种道德都是效法天地而来的。智慧贵在崇高,礼节贵在谦卑,崇高是仿效天,谦卑是取法地。《乾卦·象传》:"天行健,君子以自强不息。"《坤卦·象传》:"地势坤,君子以厚德载物。"这是说,君子的自强不息的进取精神是仿效天,厚德载物的宽容精神是取法地。《大壮·象传》:"雷在天上,大壮。君子以非礼弗履。"《益卦·象传》:"风雷,益。君子以见善则迁,有过则改。"这是说,应以客观外在的规范来衡量自己的行为。《大畜·象传》:"天在山中,大畜。君子以多识前言往行,以畜其德。"《升卦·象传》:"地中升木,升。君子以顺德,积小以高大。"这是说,道德的提高依赖于后天的学习积累。《易传》的这些思想与荀子的主张是极为类似的。

六、易学与中国伦理思想

但是,《易传》除了重视"他律"以外,还重视"自律",而与孟子的主张相类似。《晋卦·象传》:"明出地上,晋。君子以自昭明德。"俞琰解释说:"明德,君子固有之德也。自昭者,自有此明德而自明之也。夫人之德本明,其不明者,人欲蔽之耳。人欲蔽之,不能不少昏昧,而其本然之明,固未尝息也。忽尔省察而知所以自明焉,则吾本然之明亦如日之出地,而其明昭著,初无增损也。自之一字,盖谓由吾自己为之耳,非由乎人也。"[①] 俞琰的解释虽然带有后世理学的色彩,大体上却也不违反《易传》的本旨。照《易传》看来,人如能承继一阴一阳之道,并且凝成而为自己的善性,就有了固有之明德。明德常有所蔽,这就需要通过一番反身修己的内省功夫,使明德昭明彰著地呈现出来。《震卦·象传》:"洊雷,震。君子以恐惧修省。"《蹇卦·象传》:"山上有水,蹇。君子以反身修德。"《损卦·象传》:"山下有泽,损。君子以惩忿窒欲。"《易传》所谓的恐惧是一种自我警惕,是对人性可能会丧失、人格不能完满实现的忧患。由于经常存有此种恐惧之感,所以激发出道德修养的高度自觉。至于修养的方法,一方面是"反身修德",即修养品德以增其善;

[①] 《周易集说》卷十二。

另一方面是"惩忿窒欲"，即克制忿欲以损不善。《大有卦·象传》："火在天上，大有。君子以遏恶扬善。"这个"遏恶扬善"的过程，就其强调"自律"而言，其实是和孟子所说的扩充善端、求其放心的过程十分接近的。

这种"自律"与"他律"相结合的最完整的表述，就是《说卦传》所说的"穷理尽性以至于命。"所谓"穷理"是就"他律"而言的。理是客观外在的，为万化之根源，万事万物莫不有理，故必极深研几，向外以穷之。但此外在的理同时也是人之自性，此理之在我者，亦即在天地万物，其在天地万物者，亦即在我者，天与人本来就是合而为一的。故向外穷理与向内尽性是同一件事，不存在任何的矛盾。所谓尽，是说以自强不息的精神显发自性固有之无穷德用，自昭明德，使之毫无亏欠。这也就是"自律"。《乾卦·文言》："君子学以聚之，问以辨之，宽以居之，仁以行之。"《坤卦·文言》："直其正也，方其义也。君子敬以直内，义以方外，敬义立而德不孤。"这些说法都是强调必须同时在穷理与尽性两方面下功夫，才能合内外之道。穷理尽性若能做到极处，则至于命。命者，吾人与天地万物共有之本体，是道德修养所追求的最高目标。就本源的意义而言，人莫不有命，莫不有此本体，但却处于不自觉的蒙昧状态，"日用而不知"，所以必须通过一番向外穷理、向内尽性的修养功夫才能回到自己的精神的本源。向外穷理以求自己的智慧聪明睿智,有如天之高明,向内尽性以求自己的人格气象恢宏,有如地之博厚,这就达到了天人合一的最高境界,是人性的完满的实现。

七、漫谈《周易》的智慧

明代万历年间，张居正出任内阁首辅，大力进行改革，政务繁忙，日理万机，但仍然热心地研究《周易》，从中汲取思想营养。他在《答胡剑西太史》的信中谈了自己的心得体会。他说：

弟甚喜杨诚斋《易传》，座中置一帙常玩之。窃以为六经所载，无非格言，至圣人涉世妙用，全在此书。自起居言动之微，至经纶天下之大，无一事不有微权妙用，无一事不可至命穷神，乃其妙即白首不能殚也，即圣人不能尽也，诚得一二，亦可以超世拔俗矣。①

---

① 《张太岳集》卷三十五。

七、漫谈《周易》的智慧

张居正是一位政治家，他是从改革事业的实践需要来研究《周易》的。他认为《周易》的智慧是一个发掘不尽的宝藏，无论是处理个人生活小事或国家政治大事，都可以从中得到启发。这种认识必定是一种经验之谈。究竟《周易》这部书蕴藏着一种什么样的智慧？为什么先秦的这部儒家典籍经历了十数个世纪之久，仍然具有强大的生命力，能给明代的张居正以启发？如果我们能够回答这个问题，探索出《周易》的智慧的普遍性的哲学意义，也许《周易》这部书还能够对我们现代的改革事业发挥一定的作用。

张居正在上述的信中还说："《易》所谓困亨者，非以困能亨人，盖处困而不失其宜，乃可亨耳！"困是穷困，亨是亨通，都是就客观环境对行为主体的关系而言的。人们如果遇到困境，不能消极无为，坐以待亨，而必须"处困而不失其宜"，作出合理的对策，采取正确的行动，才能转困为亨。《周易》并没有具体告诉张居正应该作出何种对策，采取何种行动。但是，《周易》的这种强调通过人们的主观能动性来促成环境朝着有利方面转化的思想，毫无疑问具有普遍性的哲学意义，曾经使张居正得到了很大的启迪和教益。

人们在实践活动中，有时会遇到顺境。在这种情况下，常常会志满意得，头脑发昏，对事物进一步的发展丧失了清醒的认识。《乾卦》的上九对此提出警告:"亢龙有悔。"《文言传》解释说:"亢之为言也,知进而不知退,知存而不知亡,知得而不知丧。其唯圣人乎?知进退存亡而不失其正者,其唯圣人乎!"这就是告诉人们,事物的发展,有进必有退,有存必有亡,有得必有丧,不能只知其一,而不知其二。如果认识不清,急躁冒进,最后将会穷极而有悔。应该像圣人那样,头脑清醒,居安思危,动而不失其正,防止事物向不利方面转化。人们读了《周易》的这一段话,肯定也是有启发的。

  《周易》共有六十四卦,三百八十四爻。每卦代表一种时态,一种由时间、地点、条件所制约的具体情境。每一爻则代表在此具体情境下的人们的行为。行为是否正确,其后果是凶是吉,是祸是福,并不决定于行为的本身,而决定于行为是否适合于具体情境的规定。人们在实践活动中经常遇到不同的情境,究竟应该作出何种对策,采取何种行动,都能在《周易》这部书中找到方法论上的指导。张居正根据他的切身经验,认为"六经所载,无非格言,至圣人涉世妙用,全在此书",不仅回答了《周易》何以被列为群经之首的问题,而且相当精辟地指出了《周易》的智慧就在于"涉世妙用",具有强烈的实践功能,是一种指导人们正确行动的理论。

  目前学术界都承认《周易》的理论思维达到了先秦哲学

的高峰，着重于从宇宙论、本体论、辩证法的角度来进行研究，取得了十分可喜的成果。但是，关于《周易》的实践功能，它的"涉世妙用"的智慧，则有待进一步去发掘。其实，《周易》的宇宙论、本体论和辩证法并不是对客观世界的一种纯粹理性的认识，而始终是和人们的实践行为紧密联系在一起的。《系辞》说：

夫《易》何为者也？夫《易》开物成务，冒天下之道，如斯而已者也。是故圣人以通天下之志，以定天下之业，以断天下之疑。

这一段话把认识客观世界的规律和人们对这种规律的利用两者结合起来论述，从而概括了《周易》这部书的性质和作用。按照《系辞》的这种说法，《周易》所揭示的客观世界的规律，目的是为了开通天下人的思想，成就天下人的事业，决断天下人的疑惑。张居正所体会到的"涉世妙用"，主要是就这种实践功能而言的。如果我们今天能够从这个角度来研读这部先秦的典籍，也许会有一番新的体会，发现其中蕴藏丰富的决策思想和管理思想，它不仅提供了一个博大精深的哲学体系，而且系统地研究了人们的行为，也是一部关于决策学和管理学的专门著作。

从《周易》这部书的形成过程来看，可以看出其中始终贯穿着一条认识与行为紧密相连的思维模式由低级向高级的发展线索。《周易》包括《易经》和《易传》两部分。《易经》本是一部卜筮之书。卜筮的起源可以追溯到传说中的伏羲时期，相当于原始社会的中期。当时人们的思维水平极为低下，所掌握的知识也很贫乏。他们为了实践上的需要，迫切关心自己的行动所带来的后果，于是通过卜筮来预测吉凶祸福，作出估计和决定。虽然卜筮属于一种幼稚的宗教巫术，不可能正确地认识客观环境，但是表现了早期人类试图根据客观环境来决定主体行为的努力，其中包含着决策思想和管理思想的最初的萌芽。大约到了殷、周之际，人们把卜筮的记录再加上一些对客观环境的观察和生活经验汇编成书，在遇到新的情况、新的问题时，去向它请教，从中寻求满意的答案。因此，《易经》这部卜筮之书，也可以看成是一部指导人们行为的参考书。春秋战国时期，人们的思维水平提高了，所掌握的知识丰富了，能够把客观环境看成是一个由天道、地道、人道组成的大系统，并且探索出支配这个大系统的根本规律是一阴一阳。这是认识上的一个大飞跃。人们扬弃了《易经》的宗教巫术，而发展为《易传》的哲学思维。但是，《易经》

七、漫谈《周易》的智慧

的那种把认识与行为紧密相连的思维模式是被完整地继承下来了。《易传》反复强调，人们对自然和社会的理性的认识是为了指导自己的行动，以达到趋吉避凶、转祸为福的目的，大而言之，也就是"开物成务"，"以定天下之业"。因此，《易经》和《易传》虽然时代不同，所代表的思维水平不同，但就其通过对客观环境的认识来决定主体行为的思维模式而言，可以说是共同的。

《系辞》对《周易》的读法作了许多提示。例如：

《易》有圣人之道四焉：以言者尚其辞，以动者尚其变，以制器者尚其象，以卜筮者尚其占。是以君子将有为也，将有行也，问焉而以言，其受命也如响，无有远近幽深，遂知来物。

是故君子所居而安者，易之序也；所乐而玩者，爻之辞也。是故君子居则观其象而玩其辞，动则观其象而玩其占。

在这两段提示中，最值得注意的是一个"玩"字。古人多半是用"玩"的读法来读《周易》的，并且写出以《周易玩辞》为题的著作。张居正也说他的读法是"座中置一帙常玩之"。"玩"就是玩味，带着一种感情色调，根据自己的切身经验去细细地体会其中所蕴含的深刻的意味。这和一般哲学书的读法不同，不是诉之于抽象思维，不要光着眼于逻辑的推理，而应该把自己所遭遇的具体的处境摆进去，在安居无事时是这样，在有所行动时更是应该如此。由于生活经验不断丰富，特别是由具体的处境所引发的问题经常变换，每一次去"玩"《周易》，都能产生一种新的体会，从而提高自己的智慧，对未来的吉凶祸福作出正确的预测，帮助自己采取适当的行动。所谓智慧，主要指的是人的应变能力，而不是指人的知识。《系辞》强调一个"玩"字，要求人们联系自己的处境去读《周易》，就是为了提高这种应变能力。当处于顺境时，应该居安思危；如果遇到困境，也不要陷入无望，而应该积极去谋求解脱之方。六十四卦所象征的六十四个时态，几乎囊括了人们所能遭遇的各种不同的处境，如果随时去细细体会，必定能使自己的决策思想和管理思想趋于上乘。这就是《周易》这部书赢得了不同时代不同人们的普遍喜好、使他们受到启迪和教益的原因所在。

凡是人类的行为，都是有目的的。目的有大有小，有低层次的目的，也有高层次的目的。如果说《易经》关于人类行为目的的研究多半是属于低层次的个人生活小事，诸如狩猎、旅行、经商、婚姻、争讼等等，那么《易传》则是提到国家政治大事的高度了。《周易》的屯卦☳震下坎上,《象传》说:"云雷,屯。君子以经纶。"坎为水,在上则为云,震为雷,有云有雷而未成雨,表示阴阳尚未和洽。就国家政治而言,则是屯难之世的象征。《易传》认为,君子在这个屯难之世,要像治理乱丝一样,理出丝绪,编丝成绳,使之由无序变为有序。"经纶"这个词用的引申义,指的是对国家政治的良好的管理。后来人们常常用"满腹经纶"来形容一个人具有卓越的政治智慧和管理才能。

《易传》认为,对国家政治的管理,最理想的目的就是"太和"。乾卦的《象传》说:

乾道变化,各正性命,保合太和,乃利贞。首出庶物,万国咸宁。

乾道即天道,天道是刚健中正的。太和就是最高的和谐,指各种矛盾的关系处于一种刚柔相应,协同配合的状态。这是说,由于乾道的变化,万物各得其性命之正,刚柔协调一致,相互配合,保持了最高的和谐,所以万物生成,天下太平。自从《周易》提出了这个太和境界,在二千多年的封建社会中,一直是著名的思想家和政治家奋力追求的理想。封建社会的所谓治世,就是太和境界在某种程度上得到了实现。相反,如果太和境界被破坏,就成了乱世了。中国的封建社会是在一治一乱的循环往复中曲折地前进的,历代的思想家和政治家殚思竭虑地探索由乱到治的转化,或者探索如何长久地保持治世的局面,防止它向乱世转化,都是围绕着太和境界这个最高理想而进行的。

固然,就封建社会的本质而言,《周易》所提出的这个太和境界只是一种幻想,始终不可能达到,因为那是一个充满了经济剥削和政治压迫的阶级社会,在统治者与被统治者之间存在着对抗性的矛盾。但是,从行为学的角度来看,为了对国家政治实行有效的管理,使各种矛盾的关系由紊乱的无序状态转变为协调的有序状态,如果不树立一个太和境界作为奋力追求的理想,一切的措施都将无从谈起。人类的行为是受目的支配的,目的与手段结成了一对矛盾的统一体。《周易》不仅树立了一个管理国家政治的最高目的,而且系统地研究了如何处理各种矛盾以达到这个目的的方法。如果我们注意剔除其中的封建性的糟粕,可以发现,《周易》的这种研究具有普遍性的哲学意义,是和现代的控制论、协同学息息相通的。

《系辞》说:"天尊地卑,乾坤定矣。卑高以陈,贵贱位矣。"这是肯定了尊卑贵贱的等级制度,认为是不可改变的。但是《周

七、漫谈《周易》的智慧

易》并不是着眼于为这种等级制度作理论上的辩护，而是从行为学的角度来研究调整的方法。以否卦为例。否卦☷坤下乾上，天在上，地在下，按理说本来是符合尊卑贵贱的等级制度的，但是《周易》认为，天在上，地在下，这固然是不可改变的，但就调整的方法而言，却是完全错误的。因为君主高高在上而不与臣民相交接，就会造成上下之间的关系极度紧张，以致天下大乱。相反，泰卦是大吉大利的。泰卦☰乾下坤上，天在下，地在上，对等级制度而言，显然不相符合。但是《易传》认为，这是缓和矛盾的最好的方法，称之为"天地交，泰"。因为在上位者能交于下，在下位者能交于上，"上下交而其志同"，关系就不会紧张而变为和谐，国家政治就能稳定。

《周易》并不否认矛盾的存在，但是认为各种矛盾都是相反相成的。比如睽卦☲兑下离上，是矛盾的象征。《象传》解释说："天地睽而其事同也，男女睽而其志通也，万物睽而其事类也。睽之时用大矣哉！"有时矛盾也会激化，一方企图消灭另一方，发生了斗争。《周易》认为，在这种情况下，应该主动地进行变革。革卦的《象传》说："革而当，其悔乃亡。天地革而四时成。汤武革命，顺乎天而应乎人。革之时大矣哉！"

由于《周易》一方面树立了一个太和境界作为奋力追求

的理想，另一方面对客观环境中的各种错综复杂的矛盾作了全面的估计，着重于指导人们采取合理的决策，实行有效的管理，其中确实蕴藏着丰富的智慧。环境是千变万化的，人们的决策和管理也没有一成不变的公式可以遵循。《系辞》指出："化而裁之存乎变，推而行之存乎通，神而明之存乎其人。"这就是所谓"运用之妙存乎一心"的意思。如果我们把《周易》看作是古代的一部关于决策学和管理学的专著，联系到现代所面临的实际问题，用"玩"的读法去细细体会，也许这部书对提高我们的应变能力会有些帮助。

八、《周易》的太和思想

春秋战国时期，中国社会正在进行着剧烈的变革，旧的社会秩序业已崩溃，新的社会秩序尚未建立。当时的诸子百家都是一些伟大的理想主义者，他们为即将到来的新社会提出了各自的设计方案，并四处奔走游说，为实现自己的理想而奋斗。儒家的理想与其他各家相比，是别具一格的，他们希望建立一种以周制为蓝本的适应新的时代需要的礼乐制度。礼的原则是别异，使人们区分为上下贵贱的等级；乐的原则是合同，使不同身份地位的人和谐一致。这两个原则是对立的，但是儒家认为，它们是可以统一的。如果把二者有机地结合起来，使之互相制约，无过无不及，达到一种最佳的配置状态，就能使整个社会既有秩序井然的等级之分，又能融洽和睦，团结合作。这就是儒家所追求的社会理想。

但是，当时的现实情况却常常是这种理想的反面。上下贵贱的等级区分固然是有了，然而相互之间的关系却是紧张而冲突的，在上者专横暴虐，在下者犯上作乱，造成了社会的动荡不安，使和谐化为乌有。有时虽然由于双方力量对比处于暂时的均势，呈现出某种和谐的局面，但是这种和谐孕育着危机，很快就会转化，与理想的和谐相距甚远。儒家并不是空想的乌托邦主义者，他们积极从事社会实践活动，知其不可而为之，力图在现实与理想之间架设一道桥梁。

儒家并不否认社会上实际存在着冲突，荀子甚至从人性论的角度论证了这是一个必然的不可避免的现象。但是，儒家与法家不同，他们坚持认为，这种冲突是不合理的，必须加以调整，使之趋于和谐。为了把各种人际关系理顺，儒家认为，决不能像法家那样去提倡和鼓励人们的冲突意识，而应该遵循一种相对性的伦理规范。所谓相对性，就是说每个人都要根据人与人的相互依存关系来进行自我约束，以己之心度人之心，推己及人，己所不欲，勿施于人，不能只考虑到自己的利益和立场，而要尊重对方，理解对方，考虑到对方的利益和立场。这就是儒家所一贯主张的"忠恕之道"，也叫做"中"。"中"是结合两个对立的极端的最佳尺度，能够把在上者与在下者的相互依存关系处理得恰到好处。在上者如果以"中"来自我约束，就可以纠正专横暴虐的偏向

八、《周易》的太和思想

而赢得在下者的支持拥护,稳定地保持自己的地位。反之,如果在下者以"中"来自我约束,就不会犯上作乱而换取到在上者的关心爱护,从而安居乐业。这种相对性的伦理规范可以在上下之间建立相互信任、彼此合作的关系,使整个社会安定团结,欣欣向荣。这就是所谓"和"。儒家认为,只有"中"才能"和",不"中"则不"和","中"是实现"和"的必要条件,而"和"则是社会安定的基础。

因此,儒家不仅对冲突产生的根源以及和谐所需要的条件作了充分的研究,而且根据客观形势的不同,审时度势,通权达变,研究了如何使冲突转化为和谐的调整方略。儒家的这种研究在《周易》中上升到哲学的高度,终于建构成一个完整的理论体系。

《周易》以阴阳学说为核心,以六十四卦、三百八十四爻为框架结构,对于这种研究具有特殊的优越性。阴阳学说把社会上的各种复杂的人际关系抽象地概括为两种对立的势力,在上者属于阳,在下者属于阴。阳为刚,起着创始、施予、主动和领导的作用;阴为柔,起着完成、接受、被动和服从的作用。当这两种对立的势力配置得当,就会出现和谐的局面;反之,则要产生冲突。因此,阴阳学说为研究冲突与和谐提供了极大的方便,可以摆脱具体感性的束缚而潜心于原理的研究。六十四卦是由阴、阳两爻不同的排列组合所形成的，象征着社会人际关系中的各种力量的对比和配置的情况，其中有的和谐，有的冲突，而和谐与冲突还表现为不同的程度之差。因此，六十四卦实际上就是以象数形式构造而成的六十四种关于冲突与和谐的模型。人们对每卦六爻的配置与变化进行分析，可以对客观的形势有所领悟，也可以对未来的发展作出预测。至于组成六十四卦的三百八十四爻，则象征着人们的行为模式和准则。爻是服从于卦的，人们的行为是受客观的形势所支配的。同样的行为在某种形势之下可以是吉，在另一种形势之下就变成凶了。因此，如何趋吉避凶，转祸为福，化冲突为和谐，应该视形势的不同而通权达变，并没有一成不变的公式。如果说阴阳学说是关于原理的研究，六十四卦则是对形势的分析，那么三百八十四爻就是联系人们的行为，深入到决策和管理的实际的应用领域中来了。

《周易》在乾卦的《彖传》中首先提出了"太和"的思想，认为由于乾道的变化，万物各得其性命之正，刚柔协调一致，相互配合，保持了最高的和谐，所以万物生成，天下太平。这种最高的和谐并非如道家所设想的那样，是一种无须改变的既成的事实，而是一种有待争取的理想的目标。因此，《周易》重视发挥"自强不息"的奋发有为的精神，而与道家的

八、《周易》的太和思想

那种强调无为的思想不相同。

在《周易》的体例中，一般来说，天地、阴阳、刚柔之间的上下尊卑的等级地位是不能颠倒的，顺之则吉，逆之则凶。如果阴不安于自己的被支配的地位而求比拟于阳，就会引起冲突。但是，从另一方面来看，如果阳得不到阴的支持与拥护，刚愎自用，一意孤行，也将陷入困境，导致灭亡。因此，阴阳应该根据各自所处的地位向着对方作不懈的追求，阴求阳，阳求阴。如果这种追求取得成功而达到了最佳的结合，那就是理想的和谐了。《周易》的恒卦充分表现了这个思想。恒卦的卦象䷟是巽下震上。震为刚，巽为柔，刚上而柔下，尊卑所处的地位是正常的。震为雷，巽为风，雷和风是相互配合的。震为动，巽为顺，动作是顺应自然的。卦的六爻，初六与九四相应，九二与六五相应，九三与上六相应，刚爻与柔爻全面相应，它们是协调一致的。这样一种结合状态合乎恒久之道。《周易》认为，恒久之道是宇宙的永恒规律，自然界的日月运行、四时变化是如此，社会人事上的变通随时、化成天下也是如此。再以豫卦为例。豫卦的卦象䷏是坤下震上，坤为阴、为柔、为顺，震为阳、为刚、为动。卦的六爻，九四为阳爻，上下五阴爻应之。豫是悦乐的意思，这是一种理想的状态。《周易》认为，豫卦的卦象就象征着这种理想的状态，豫卦刚上而柔下，五柔应一刚，是刚柔相应之象。既然刚为柔应，对立着的两个方面协调一致，则刚之行动必然得到柔的顺从和拥护，做任何事情都能如意，动作顺应自然，上下都悦乐。悦乐的根本条件就是"以顺动"，柔能顺刚，刚柔的动作在各自所应处的地位上协同配合。天地以顺动，所以日月运行、四时变化不发生错乱；圣人以顺动，所以刑罚清明，人民悦服。

但是，由于阴、阳两种对立的势力不断推移运动以及互相争夺领导权的斗争，常常出现阳刚过头或者阴柔太甚的情况，这就破坏了和谐而转化为某种程度的危机。比如困卦。困卦的卦象䷮下坎上兑，坎为水，兑为泽，水在泽之下，说明泽中之水已经枯竭，是困穷之象。卦的六爻，九二被初六、六三所围困，九四、九五又被六三、上六所围困。刚爻不能得到柔爻的支持反而被柔爻所围困，这就陷入困境，穷而不能自振了。再以大过卦为例。大过卦的卦象䷛下巽上兑，四个刚爻均集中在中间，迫使两个柔爻退居本末之地，阳刚过头而失去阴柔的辅助，象征"栋桡之世"，即屋正中之横梁不足以支持其屋盖而桡曲，大厦将倾。《周易》认为，在这两种情况下，都应采取适当的对策，进行有效的调整，如果阴柔太甚，则应培育阳刚，如果阳刚过头，则应扶植阴柔。

八、《周易》的太和思想

总之,只有使阳刚与阴柔始终保持一种均势,能够完美地发挥协同配合的作用,才能复归于和谐。这就是所谓"燮理阴阳"。

《周易》并不拒绝革命性的变革。当阴、阳两种对立的势力矛盾激化,就会产生一方企图消灭另一方的斗争。《周易》认为,在这种情况下,应该主动地进行变革,如果变革得当,"其悔乃亡"。比如革卦。革卦的卦象䷰下离上兑,离为火,兑为水,离为中女,兑为少女。水居于火之上而企图使火熄灭,火居于水之下而企图把水烧干。此外,"二女同居,其志不相得",象征着矛盾激化,难以调和,革命的形势已经到来。《周易》满怀激情地把变革赞扬为宇宙的普遍规律,认为由于天地之间的变革,所以形成四时,促进万物生生不已,商汤王和周武王所发动的革命,顺乎天而应乎人,也促进了人类社会的发展。

至于变革的目的,《周易》认为,并不是为了使一方消灭另一方,而是要达到一种刚柔在各自所应处的地位上协同配合的局面。《周易》的这个思想在节卦中表现得最为明显。节卦的卦象䷻下兑上坎,坎为刚,兑为柔,刚上而柔下。卦的六爻,三刚三柔平分均衡,而且九五、九二两刚爻又分居上、下卦之中位。《周易》称之为"刚柔分而刚得中",象征着一种合理的制度,因为刚居于领导的地位,遵循正中之道的准则，柔服从刚的领导，诚心配合，这就无往而不亨通了。所谓"节"，既是一种制度，也是一种度量的标准，总的目的是使社会上的各种人际关系趋于和谐。如果过分强调刚柔之分，以致为节过苦，这是人们所不能忍受的；相反，如果着眼于和谐，则人们就会自觉地接受制度的约束，做到"安节"、"甘节"，既能安于各自所应处的地位，又能普遍地感到心情舒畅。

因此，《周易》虽然站在儒家的立场，强调君臣、父子、夫妇之间的等级制度是不可改变的，但是着眼于整个社会的和谐，从行为学的角度来研究调整的方法，反复阐述居于支配地位的刚应该与柔相应，合乎正中之道，保持谦逊的美德，在必要时，可以居于柔下，损刚益柔，以贵下贱，争取被支配者的顺从和拥护。

《周易》的这个思想是根据阴、阳二气互相感应的原理合于逻辑地引申出来的。天地之间不能有阴而无阳，或者有阳而无阴，只有阴阳交感才能化生万物，组成社会，这是一个互相给予的过程。但是，由于阳性刚而主动，阴性柔而被动，为了使互相给予的过程得以顺利完成，有必要柔上而刚下，交换一下位置。咸卦充分表现了这个思想。咸卦的卦象䷞下艮上兑，艮为少男，兑为少女，艮刚而兑柔。就阴、阳

八、《周易》的太和思想

二气而言，阳气由上而降于下，阴气由下而升于上，说明已经产生了感应，完成了互相给予的过程。就男女的结合而言，少男居于少女之下，感情沟通，相亲相爱，终于结为夫妻。《周易》认为，刚与柔、男与女之间的互相感应是宇宙的普遍规律，正是由于这种普遍规律的作用，所以才促使天地万物以及人类社会的各种对立的势力产生功能性的协调，从而构成为一个有机的统一体。

有时由于客观形势的变化，柔爻居于尊位而为一卦之主，发挥支配和领导作用。《周易》认为，在这种情况下，只要柔爻的行为合乎正中之道，而又能与刚爻相应，得到它们的强而有力的扶助，也可以保持整体的和谐，做到上下一心，协同配合。比如大有卦。大有卦的卦象☰下乾上离，其中一柔五刚，六五以一阴而统帅众阳，虽然显得柔弱，力不胜任，但是由于争取到上下五个刚爻的支持，行为公正，所以事事亨通，是个吉卦。再以未济卦为例。未济卦是由既济卦发展而来的。既济意味着已经取得成功，未济则表示尚未取得成功，由既济发展为未济，说明原有的和谐的局面不复存在，冲突重又开端。因此，未济卦主要象征着不吉利，它是一个发展序列的终结，又是另一个发展序列的开始。但是，《周易》认为，虽然如此，成功的可能性仍然是存在的，根据在于未济卦的六五爻居于尊位而得中，洋溢着一种"君子之光"，能够与其他刚爻同心协力，共同渡过难关。未济卦的卦象☷下坎上离，六五爻居于支配的地位，柔而得中，又得到九二爻刚中的支持，这就能发挥刚柔相济的作用，既不过柔，又不过刚，加上上九与九四的辅助，所以就整个形势的发展前景而言，最终是会转化为亨通的。

《周易》反复强调，这部书写作的目的，是为了开通天下人的思想，成就天下人的事业，决断天下人的疑惑。这也就是说，《周易》关于冲突与和谐的研究，主要不是为人们提供一种抽象思辨的形而上学的原理，而是着重于实际应用的控制和管理社会的行为，具体指导人们如何发挥主观能动性，作出最佳的决策，变无序为有序，化冲突为和谐。《周易》站在儒家的立场，十分重视道德伦理的作用，极力宣扬一种德治思想。《象传》对六十四卦的卦象的解释，集中体现了《周易》的这一特色。

儒家的道德伦理规范，最重要的是礼。履卦的卦象☱兑下乾上，乾为天，兑为泽。《象传》认为，天在上，泽居下，履卦的这种卦象就象征着一种等级的秩序，也就是礼。君子看了这种卦象，应该辨别上下之分，使人民遵循礼的约束，把思想统一起来。大壮卦的卦象☳乾下震上，震为雷，乾为天。

八、《周易》的太和思想

《象传》认为,雷凌驾于天之上而震动,声威甚壮,象征着以卑乘尊,壮而违礼,这种形势是反常的。君子看了这种卦象,应该戒惧警惕,严格要求自己,不要做出非礼的行为。

儒家的德治思想强调关心人民的生活,如果人民的生活失去保障,就会危及在上者的统治地位,破坏整个社会的和谐。剥卦意味着剥落,阴柔的势力发展强盛,侵犯阳刚,阳刚即将剥落,是个不吉利的卦。它的卦象☶坤下艮上,坤为地,艮为山,高山必依附于大地,居上位的统治者必依附于居下位的广大的民众,高山剥落,则与地平,广大民众的生活不能稳定,统治者的地位也将倾覆。《象传》认为,君子看了这个卦象,应该采取一系列的措施来稳定人民的生活,使他们安居乐业。儒家的德治思想的另一重要内容就是施行教化。《象传》认为,这可以从观卦得到有益的启示。观卦的卦象☷坤下巽上,坤为地,巽为风,风行于地上,象征万物均受和风吹拂。国君效法这种卦象,巡视各方,观察民情,推行教化,使广大民众都受到教化的熏陶,以造成一种良风美俗。为了维持整个社会的和谐,除了满足人民的物质生活的需求以外,加强人民的精神生活的联系,也是必不可少的。

《周易》的三百八十四爻,对人们的具体行为作了充分的研究。行为是与环境紧密联系在一起的。在好的环境之下,如果行为不当,犯了错误,就会引起危机,使原有的和谐转化为冲突。反之,如果环境不利,主体的行为正确得当,也能化险为夷,复归于和谐。比如继革卦以后的鼎卦,从总体来看,是经过革命而迎来的一派太平鼎盛的景象,所谓"革故鼎新",旧的不合理的制度业已革除,崭新的合理制度正在创立。但鼎卦的九四爻却闯下大祸,导致凶的后果。因为九四爻象征大臣德薄而居于尊位,知小而谋划大事,力小而担负重任,这就必然不胜其任,把好事办坏。反之,蹇卦是一个险难之卦。蹇卦的卦象䷦艮下坎上,坎为险,艮为止,象征遇到险难而止步不前。但是,九五爻以刚中之德,居大人之位,又争取到其他五爻齐心相助,则虽处于险难的环境之下,也能安邦正国,建功立业。

《周易》在三百八十四爻中结合客观环境对人们的各种行为一一作出了评价,这些评价大致可以分为四类。第一类是吉,指行为正确,事情办得成功。第二类是凶,指行为错误,把事情办失败了。第三类是悔吝,指犯了较小的错误而遇到困难,心情忧虑烦闷。第四类是无咎,指虽犯了错误,但善于改正,避免了大的损失。这些评价贯穿着一个总的精神,就是对矛盾冲突的强烈的忧患意识以及对太和理想的执著的追求,反复教导人们,特别是居于上位的执政者和负有社会

八、《周易》的太和思想

责任的君子,应该谦虚谨慎,自强不息,努力提高自己的应变能力,当处于顺境时,要居安思危,如果处于困境,也不要陷入绝望,而应该积极去谋求解脱之方。因此,《周易》关于冲突与和谐的研究,一方面洋溢着一种奋发有为的高昂的理想主义,另一方面又对复杂多变的现实的环境有着清醒的客观的认识,既是理想主义的,又是现实主义的。这也是儒家思想的一个重要特色。

战国时期,分裂割据,战争频仍,社会激烈动荡,各种各样的矛盾冲突此起彼伏。究竟如何结束这种局面,建立一种正常的社会秩序呢?当时的儒家和法家对这个问题作出了截然不同的回答。儒家认为,应该立足于和谐,致力于调整。法家则认为,应该立足于冲突,运用强制的手段,按照统治与服从的模式来重新组合社会。韩非曾说:"上古竞于道德,中世逐于智谋,当今争于气力。"法家把整个人类的历史看作是一部冲突的历史、斗争的历史,因而很自然地也就把权力之间的争夺看作是社会结构和社会关系的核心,所有的伦理道德都是虚伪的、不真实的,为了维持社会的稳定,只能以掌握了最高权力的专制君主所颁布的法令为准则。法家的这种理论也许是指出了人类社会上确实存在的严酷的事实,自有其一定的根据。而且当年秦始皇统一中国就是以法家的理论为指导,如果听从儒家的劝告,大概不会取得成功。但是,历史的发展也证明了儒家的理论的预见有着惊人的准确性。权力是一个相对性的概念,统治与服从的关系是可以互相转化的。如果专制君主自认为掌握了绝对的权力,忽视阴阳协调、刚柔相济的原理,为所欲为,不加节制,知进而不知退,知存而不知亡,知得而不知失,其最后的结果必然是陷入失败。

秦王朝从建立到灭亡,只有短短的十五年,成功与失败都来得十分突然。关于秦王朝的兴亡,历代都在进行热烈的讨论,而这种讨论在哲学上就上升为两种根本对立的整体观的比较研究了。究竟人类社会生活的整体是立足于和谐还是立足于冲突,如何去认识和把握这个整体的内部机制?虽然就事实的角度而言,任何人也无法否认冲突的存在,但是,人类社会毕竟是人们必须生活于其中的家园,不可能设想,在一个无休止的争吵的家园中长期生活而能怡然自得。这也就是说,人们是怀着主体自身的目的、理想和价值观念去参加社会实践活动的,带有强烈的倾向性和选择性。因此,儒家的理论在这种比较研究中取得了压倒的优势,不仅为许多思想家和政治家所接受,而且也迎合了中国广大的普通老百姓的心愿。

古今中外的历史有许多的个性,也有许多的共性。生活

八、《周易》的太和思想

在中国先秦时期的人们所面临的一些问题，在当今的世界也常常会遇到。由于科学技术的飞速发展，我们这个世界是变得越来越小了。但是，我们并没有把各种人际关系理顺，也没有找到一种有效的手段来抑制和根除爆发于各地的大大小小的冲突，如同儒家所说的那样，呈现出一种阴阳失调乖戾反常的景象，我们仍未把这个世界建设成为一个舒适的家园。在这种情况下，如果我们回温一下《周易》的太和思想，激发更多的人们去追求最完美的和谐，来共同谋划一种如同天地万物那样调适畅达、各得其所的社会发展的前景，或许是有益的。

出版后记

中华文明源远流长。在漫长的历史岁月中，我们中华民族创造了辉煌灿烂的文化成就，践行着自己朴素而真诚的人生和社会理想，追寻着具有鲜明特色的伦理价值和审美境界，展示出丰富、生动、深邃的思想智慧。在很长一段时间内，中国文化在世界文明体系中居于领先地位，其影响力和感染力无比强大，从而在铸就中华民族独特灵魂的同时，也为人类文明的发展和进步作出了重要的贡献。

明清之际，由于复杂的原因，中国社会没有能够有效地完成转型，逐步走向封闭和衰落。鸦片战争的失败，更使中国面临数千年未有之变局，使中华民族沦入生死存亡的艰难境地。为了救国于危难，当时的仁人志士自觉不自觉地把目光投向西方，投向西学，并由此对中国传统文化进行了激烈的批判。从洋务运动、戊戌变法，一直到五四新文化运动，

出版后记

在近代中国救亡图存的历史语境中，传统文化的观念和形态，常常被贴上落后、愚昧的标签，乃至被指斥为近代中国衰落和灾难的祸根，就连汉字和中医这样与国人生命息息相关的文化形态，也受到牵连和敌视，被列入需要废除的清单。对本民族文化的这种决绝态度，在世界各民族的历史上都是罕见的，它既反映了我们中华民族创新发展的非凡勇气，也从一个重要侧面，印证了中华传统文化的顽强和深厚。

今天，历史已经走进21世纪，我们中华民族经过不懈的努力和奋斗，迎来了快速发展的良好机遇，国家强盛、民族复兴的曙光就在前方。在这样的时候，在这样的历史背景下，重温我们民族的辉煌、艰难历史，重新认知我们民族的优秀文化和高贵传统，不仅是一种自然的趋势，也是一项庄严的历史使命。理由很简单，我们中华民族要在全球化的背景下真正实现伟大复兴，必须具有足够的凝聚力和创造力，必须具有强烈的自尊心和自信心，而这一切，离不开对本民族优秀文化基因的认同和感念，离不开对优秀传统的继承和弘扬。从这个意义上说，中国传统文化是不绝的源泉，是清新而流动的活水。我们组织出版《中国文化经纬》系列丛书，正是为了汲取丰富的精神滋养，激发我们前行的力量。

本书系计划出版100卷，由著名的中国文化书院组织编写，内容涵盖中国传统文化的各个方面和层级，涉及文学、历史、艺术、科学、民俗等多个领域，力求用通俗易懂的语言，用较少的篇幅，使广大读者对中国历史文化有较为全面的认识，对中国精神和中国风格有较为深切的感受。丛书的作者均为国内知名专家，有的是学界泰斗，在国内外享有盛誉，他们的思想视野、学术底蕴和大家手笔，保证了丛书的学术品质和精神品格。

这是一套规模宏大、富有特色的中国传统文化读本，这是专家为同胞讲述的本民族的系列文明故事，我们期待您的关注和阅读，也等待您的支持和批评。

中国书籍出版社
2015年9月

中国文化经纬·第一辑

从黄帝到崇祯：二十四史 / 徐梓 著
华夏文明的起源 / 田昌五 著
孔子和他的弟子们 / 高专诚 著
老子与道家 / 许抗生 著
墨子与墨学 / 孙中原 著
四书五经 / 张积 著
宋明理学 / 尹协理 著
唐风宋韵：中国古代诗歌 / 李庆 武蓉 著
易学今昔 / 余敦康 著
中国神话传说 / 叶名 著

中国文化经纬·第二辑

敦煌的历史与文化 / 宁可 郝春文 著
伏尔泰与孔子 / 孟华 著
利玛窦与徐光启 / 孙尚扬 著
神秘文化的启示：纬书与汉代文化 / 李中华 著
中国古代婚俗文化 / 向仍旦 著
中国书法艺术 / 陈玉龙 著
中国四大古典悲剧 / 周先慎 著
中国图书 / 肖东发 著
中国文房四宝 / 孙敦秀 著
中印文化交流史 / 季羡林 著